Almuth Künkel/Rita Watermann
Management im Kindergarten

W0053451

praxisbuch
kindergarten

Almuth Künkel/Rita Watermann

Management
im Kindergarten

Grundlagen
für Leitungsaufgaben

Herder Freiburg · Basel · Wien

Einbandfoto: Urban Huber-Wölfle

Alle Rechte vorbehalten – Printed in Germany
© Verlag Herder Freiburg im Breisgau 1993
Herstellung: Freiburger Graphische Betriebe 1993
ISBN 3-451-23001-1

Inhalt

Teil 2: Praktische Führungsaufgaben im Kindergarten

Einleitung

Traumberuf Erzieherin – Alptraumstelle Leiterin?

In einem Fortbildungsseminar stellten die Teilnehmerinnen in Form von Puzzles dar, welchen Anforderungen und Erwartungen sie sich in ihrer Leitungsposition gegenübersehen und wie sie den Ansprüchen begegnen.

Einige Antwortbeispiele wollen wir in unserem Buch voranstellen. Sie geben den Zwiespalt wieder, in dem sich Leiterinnen häufig befinden: voller Engagement für die anvertrauten Kinder, überzeugt von der Wichtigkeit des Erzieherinnenberufes, doch schier erdrückt von den vielfältigen Erwartungen der Eltern, des Trägers, der Mitarbeitenden. Zeitnot und Personalmangel in der Einrichtung stehen der Zeitnot und dem Mangel an Erholung im privaten Bereich gegenüber. So ist es nicht überraschend, daß für viele Leiten verbunden ist mit „leisten" und „leiden" in einer Person.

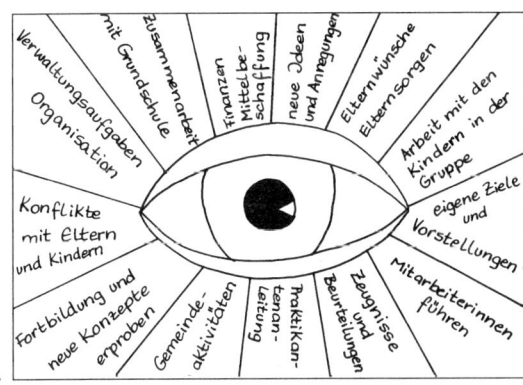

Ein Auge
auf alles haben.

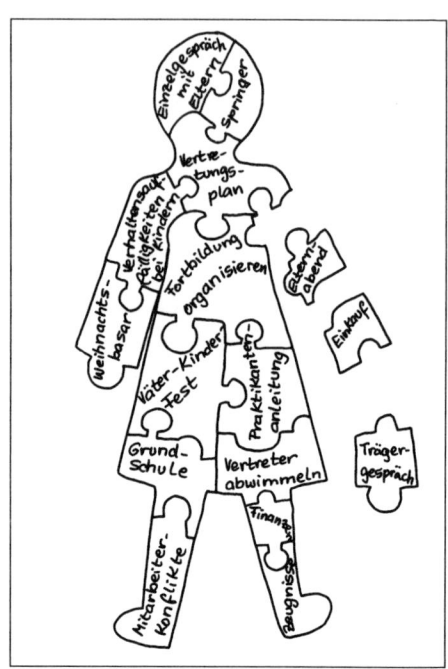

Leitung:
ein Tausenderpuzzle

Selbst von den Leiterinnen, die ihre Position als Herausforderung und Chance insgesamt positiv bewerten, empfinden die meisten sich als unzureichend vorbereitet auf die
vielfältigen Leitungsaufgaben. Die Frauen übernehmen mit
einer Leitungsposition eine anspruchsvolle Arbeit, an der sie
wachsen und selbstsicher werden können, vor der aber auch
viele mit Zeichen der Überlastung kapitulieren.

Führungskräfte im elementarpädagogischen Bereich
gehören zum unteren Management der kirchlichen und öffentlichen Träger. Sie sind mit weitreichenden konzeptionel-
len Entscheidungen und Verantwortungen betraut, auch
vom Gesetzgeber mit anspruchsvollen Zielen auf den Weg
geschickt.

Wie aber steht es mit den Arbeitsbedingungen?

Es fehlt zuallererst an einer fundierten Vorbereitung auf
die anstehenden Führungsaufgaben. Das ist Aufgabe der
Aus- und Fortbildungseinrichtungen, die eine systematische

Schulung anbieten müßten, um geeignete Frauen zur Übernahme der anspruchsvollen Aufgabe zu motivieren. Das würde diejenigen entlasten, die, „weil's eben eine machen muß", zaghaft und ängstlich in eine Position geraten sind, in der sie weder sich noch andere davon überzeugen können, die richtige Frau am richtigen Platz zu sein.

Doch auch für die geeignete und motivierte Frau an der Spitze des Kindergartens fehlt es noch an vielem: an notwendigen Befugnissen, an organisatorischer und finanzieller Ausstattung von seiten des Arbeitgebers; es fehlt an klaren Stellenbeschreibungen und damit an Akzeptanz der Führungsposition, an Mitsprache- und Entscheidungsbefugnissen den Eltern und Mitarbeitenden gegenüber. Oft mangelt es schon an Entlastung von fachfremder Zuarbeit, damit sich die Führungskraft nicht verschleißt in Springer- und Aushilfstätigkeit. Auch fehlt es an Aufstiegsmöglichkeiten und kontinuierlicher Weiterqualifikation, an finanziellem Anreiz und moralischer Rückendeckung.

Will dieses Buch „Leitfaden durch den Alptraum" sein, Hilfe für Hilflose anbieten? Auf den ersten Blick schon.

Es will Informationen, Wissen, Fertigkeiten vermitteln sowohl für die Führungskräfte, die mit grimmiger Jetzt-helfe-ich-mir-selbst-Entschlossenheit Kompetenz erwerben wollen, als auch für Referenten, denen es an geeigneten Kursmaterialien für die Aus- und Fortbildung fehlt.

Doch das ist nur ein Aspekt.

Die Frauen an der Erziehungs-Basis wissen in der Regel recht gut, was sie für ihre Arbeit an Grundlagen brauchen und wo es in ihrer Alltagsorganisation hapert.

Doch zum Verändern fehlen gelegentlich Impulse, neue Ideen, Zeit und Zuspruch. Dazu will dieses Buch vor allem beitragen.

In verständlicher Form wollen wir Erkenntnisse aus den Sozialwissenschaften mit erprobten Techniken aus dem Management-Bereich so verbinden, daß Erzieherinnen und Leiterinnen ihren eigenen Alltag wiedererkennen und das Dargestellte umsetzen können. Was nicht zu ihrer eigenen Persönlichkeit paßt, was nicht auf ihre Mitarbeiterinnen zu übertragen ist, mögen sie zwar mit Interesse lesen, aber nicht krampfhaft anzuwenden versuchen.

Nur was dem eigenen Unbehagen abhilft, sollten die Leserinnen aufnehmen und ausprobieren. Das Problem der meisten Leiterinnen, die wir kennen, ist ja nicht, daß sie in prahlerischer Selbstüberschätzung mäßige Arbeit leisten. Den meisten fehlt es eher an der Fähigkeit, ihre Erfolge auch als solche zu erkennen, ihre Arbeit so einzuteilen, daß Aufwand und Nutzen in vernünftiger Relation zueinander stehen.

Wir möchten dazu anleiten, daß sie wichtige Aufgaben von unwichtigen unterscheiden lernen, auch daß sie sich trauen, energisch „nein" zu sagen, wenn es der Sache und dem Erhalt der eigenen Kräfte dient.

Mit diesem Buch wollen wir Frauen im Erziehungsberuf Mut machen, sich ihrer Führungsfähigkeiten bewußt zu werden und sie einzubringen in einen anspruchsvollen Beruf und in die Öffentlichkeit.

Es bleibt jedoch mit Nachdruck zu fordern, daß die Ausbildungsstätten aktiv werden in der Vermittlung von Führungswissen, von Organisationstechniken und Verhandlungsstrategien, die zum Handwerkszeug einer Leiterin gehören, ebenso wie in der Bildung der Führungspersönlichkeit durch Stärkung von Selbstwertgefühl, Konfliktbereitschaft und Integrationsfähigkeit. Erst dann wird der Beruf der Erzieherin und Leiterin die Qualität und Anerkennung erfahren, die ihm europaweit gebührt.

Ein Ausbildungsgang „Management in Tageseinrichtungen für Kinder" – auch als Zusatzqualifikation mit Aufstiegsmöglichkeiten in Verwaltung und Kultusarbeit – könnte als Erweiterung der Erzieherinnenausbildung für motivierte Frauen angeboten werden.

Begriffsbestimmung „Management"

Management beschränkt sich nicht nur auf die korrekte Anwendung von Techniken und Fertigkeiten, die eine Betriebsführung erleichtern. Als Managementaufgaben werden all jene Tätigkeiten der Planung, Entscheidung, Strukturierung und Integration verstanden, die nötig sind, um ein bestimmtes Ziel zu erreichen. Dazu gehört der sinnvolle Einsatz der betrieblichen Mittel, wie die effektive Verteilung der Arbeitskraft und Fähigkeiten der Mitarbeitenden.

Management setzt voraus, daß der/die Leitende
- weitreichende Entscheidungsbefugnisse erhält, um Ziele für die gemeinsame Arbeit zu entwickeln, deren Verwirklichung zu planen und durchzuführen;
- über ausreichende wirtschaftliche und organisatorische Mittel verfügt, um die angestrebten Ziele zu erreichen;
- über Mitarbeiter (deren Fähigkeiten, Arbeitskraft und -zeit) im Sinne der Zielsetzung bestimmen kann;
- akzeptiert wird, d.h. daß die getroffenen Entscheidungen respektiert werden und die Führungsposition anerkannt wird.

„Hannemann, geh du voran!" – Es gibt unzählige Menschen, die sich unter den Scheffel stellen, sobald ein Licht auf sie fällt, die sich kleinmachen hinter anderen und nur mitmachen, wenn ein anderer voranmarschiert, wie in dem Märchen vom Hannemann.

Sie sind darum nicht weniger gescheit, nicht weniger einfallsreich und sachkompetent – sie würden es nur nie laut, nie vor allen, nie in vorderster Reihe sagen wollen.

Die Leiterin im Kindergarten muß unserer Ansicht nach nicht grundsätzlich anders sein als all jene im Hintergrund, sie muß nicht wendiger, kreativer und konfliktärmer, ausgleichender und kompromißbereiter sein als „normale" Erzieherinnen, keine Übermutter, auch wenn das mit der Rolle oft verbunden wird. Leiterin sein heißt vor allem, das alles öffentlich zu tun, was andere sich nur im kleinen Kreis trauen.

Die Leiterin lebt öffentlich vor, wie man mit Menschen umgeht, wie man sie sammeln, anleiten, ermutigen, vorwärts führen kann auf ein gemeinsames Ziel hin. Wie man Spannungen aushält und Konflikte bewegt, seine Interessen durchsetzt und für andere kämpft, wie man seinen Mund aufmacht – und nicht selten eins drauf bekommt –, wie man mit Kritik und Erfolg umgeht, wie man demokratisch mit anderen zusammen arbeiten und leben kann.

Die Leiterin eines Kindergartens stellt das pädagogische Konzept der Einrichtung – die „Unternehmensphilosophie" – öffentlich dar, in Großaufnahme.

Hier liegt unseres Erachtens ein wesentlicher Unterschied zwischen den Führungsstrategien in einem Unternehmen, das auf Produktionssteigerung und Gewinnmaximierung ausgerichtet ist, und dem Führungsverhalten in der Spitze einer pädagogischen Einrichtung:

Pädagogisches Arbeiten ist Führen.

Wobei vor allem zu fragen ist, wohin geführt werden soll. Wie „Pädagogik" (griechisch: Knabenführen) nach Inhalt und Zielsetzung sehr unterschiedlich sein kann, so kann auch das Führen dorthin sehr verschieden ausfallen. Zielsetzung, Führungsstil und Persönlichkeit dessen, der führt, sind jedoch immer eng miteinander verbunden.

In einer pädagogischen Einrichtung sind das Unternehmensziel und der Weg dahin nach unserem Verständnis das gleiche: will man Menschen anleiten zu einem erfüllten Leben mit sich selbst und zu einem befriedigenden Umgang mit anderen Menschen, so muß man die Grundsätze, die man vermittelt, auch im Umgang miteinander verwirklichen. Das schließt die eigene Lebensführung und die Zusammenarbeit mit den Kolleginnen ein.

Aufbau des Buches

Mit dem vorliegenden Buch sprechen wir ausdrücklich Frauen in Leitungspositionen an. Sie übernehmen in elementarpädagogischen Einrichtungen zu über 95% Basis- und Führungsarbeit. Ihnen allen wollen wir den Rücken stärken, vielen von ihnen verdanken wir auch für unsere eigene Arbeit wertvolle Anregungen und Unterstützung.

Der vorliegende Band ist in zwei Teile gegliedert. Er beginnt mit einem allgemeinen Teil, der die Grundlagen menschlichen Verhaltens in Gruppen darstellt. Erkenntnisse aus der

Vergleichenden Verhaltensforschung, der Sozialpsychologie, der Pädagogischen Psychologie und der Psychotherapie liegen ihm zugrunde.

Aus den allgemeinen Grundlagen leiten sich spezifische Anforderungen für das erfolgreiche Führen definierter Gruppen ab. Als angewandtes Wissen finden sie sich im zweiten Teil des Buches wieder, der damit praktische Schlußfolgerungen, Umsetzung des Theoretischen in die Führungspraxis im Kindergartenalltag enthält.

Jedem Kapitel haben wir eine These vorangestellt. Sie soll auch Querleserinnen die Möglichkeit geben, unsere theoretische Position zu erkennen und ihren eigenen Standpunkt zu überdenken.

Wir sind davon überzeugt, daß isolierte Führungstechniken – Managementtechniken pur – ohne die Grundlage eines von Wohlwollen und gegenseitiger Achtung getragenen Menschenbildes sinnleer sind. Psychologisches Wissen ist nicht wertfrei zu vermitteln. Aus dem, was an fundierten psychologischen Erkenntnissen für Organisation und pädagogische Arbeit in Kindertagesstätten hilfreich sein kann, haben wir einzelne Ausschnitte ausgewählt, deren gemeinsame Basis eine von Achtung und Wertschätzung getragene Grundhaltung ist, die den anderen als gleichwertig anerkennt, unabhängig von einem vorgegebenen Rollengefälle.

Auch wenn wir im voraus nicht wissen können, wen genau wir mit diesem Buch ansprechen werden: unsere Zielgruppe sind jene Leiterinnen, die unsere Grundeinstellung teilen, gleichgültig, ob sie in einer Einrichtung der evangelischen oder katholischen Kirche, der Kommune oder einer privaten Initiative arbeiten. Unserer Überzeugung nach gibt es weder einen speziell katholischen, noch einen evangelischen Führungsstil, ebensowenig einen speziell kirchenfernen. Wohltuender, fördernder Umgang zwischen Menschen wird über alle Unterschiede in Nationalität, Kultur, Religion und Erziehung hinweg bestimmt von Achtung und Wohlwollen füreinander und von der Zuversicht, daß gemeinsame Ziele gemeinsam erreicht werden können.

Teil 1:
Grundlagen von Führen und Geführtwerden

Der Mensch als soziales Wesen

Jeder Mensch hat grundsätzlich die Fähigkeit, sich in eine Gruppe einzufügen, als auch eine Gruppe anzuführen. Welche Rolle er auf Dauer bevorzugt, mit welcher er mehr Erfolg hat, hängt entscheidend von frühen Lernerfahrungen in Elternhaus und Kindergruppe ab.

1.1 Vom Zwiespalt der Bedürfnisse

Der Mensch ist ein geselliges Wesen. Er lebt von Geburt an in Gruppen zusammen mit seinesgleichen, er ist für ein solches Leben mit einer Vielzahl von Bedürfnissen und Fähigkeiten angelegt. Sprache und Bindungsvermögen, Ausdruck von Gefühlen und Streben nach Beachtung sind auf den Artgenossen ausgerichtet. Menschen können auf die Dauer nicht ohne den gefühlsmäßigen engen, wohltuenden Kontakt zu anderen Menschen leben.

Der Mensch hat ein ausgeprägtes Bedürfnis nach Selbstbehauptung. Er will über sich selbst bestimmen und über sein Leben entscheiden. Er ordnet sich nicht gern unter und wehrt sich gegen die Ansprüche seiner Artgenossen. Im zwischenmenschlichen Kontakt ist er auf der Hut, fürchtet den Feind im Gegenüber und ist bereit, sich und seine Interessen energisch gegen Angriffe zu verteidigen.

Für beide Thesen liefern Psychologie und Vergleichende Verhaltensforschung (Humanethologie) umfassende Belege. Wie passen diese Aussagen zusammen?

Zwei Seelen wohnen, ach! in des Menschen Brust, wie Goethe es formuliert, und schon im Kindesalter läßt sich der Widerstreit dieser Empfindungen beobachten. Hingezogen zu anderen Menschen, neugierig und bindungsbereit, vertrauensvoll, so geht schon das Einjährige auf andere Menschen zu, um sich im nächsten Moment kreischend, beißend, strampelnd gegen Fremdbestimmung zu wehren.

Der Mensch möchte frei, selbständig und selbstbestimmt sein, andererseits nicht ganz allein und ohne den warmherzigen, unterstützenden Kontakt zu seinesgleichen leben. Wo aber der eine sich durchsetzt, muß ein anderer zurückstecken. Wo einer die Nähe sucht, mag der andere sich beengt fühlen. In der Unvereinbarkeit und Ungleichzeitigkeit solcher Grundbedürfnisse liegt die Wurzel vieler zwischenmenschlicher Konflikte.

In seinem Verhaltensrepertoire hat der Mensch sowohl die Fähigkeit, sich unterzuordnen, sich in Gruppen einzufügen, als auch sich zu verteidigen, andere zu führen, den Mitmenschen zu beherrschen.

Durch Erziehung und Übung wird schon in früher Kindheit die eine oder andere Komponente des Verhaltens stärker ausgebildet, wird Führungsverhalten gefördert oder vernachlässigt, werden Unterordnen oder Dominieren verstärkt.

1.2 Soziales Verhalten wird gelernt

Soziales Verhalten wird im Umgang mit anderen Menschen gelernt, und dem Verhalten von Eltern und Erziehern kommt dabei eine besondere Bedeutung zu. Zwei Arten des Lernens sind dabei besonders wirkungsvoll:

Bekräftigungslernen – Lernen am Erfolg

Die Eltern als engste und früheste Bezugspersonen können das Verhalten eines Kindes durch Lob, Anerkennung, liebe-

volle Zuwendung schon früh verstärken und damit in eine
von ihnen bevorzugte Richtung beeinflussen. Sie können
dem Kind vielfältige Gelegenheiten bieten, mit anderen
Menschen umzugehen. Dadurch kann das Kind neue Verhaltensweisen ausprobieren, sich darin üben und an der Reaktion der anderen „Erfolg" oder „Mißerfolg" des eigenen
Verhaltens ablesen. Welcher Umgangsstil für dieses Kind am
sichersten zum gewünschten Ziel führt, welcher von Eltern
und Umwelt verstärkt wird, den wird das Kind immer öfter,
immer sicherer anwenden. So wird ein Verhalten schließlich
„typisch" für diesen Menschen, auch wenn er sich in anderer
Umgebung ganz anders hätte entwickeln können.

Modell-Lernen – Imitationslernen

Eltern bieten ihrem Kind mit ihrem eigenen Verhalten ein
Modell für *Imitationslernen*. Das Kind ahmt nach, was es im
Elternhaus an zwischenmenschlichem Umgang beobachtet.
„Wie er sich räuspert, und wie er spuckt, das habt ihr ihm
gründlich abgeguckt!" heißt es bei Schiller in ähnlichem Zusammenhang. Ein Kind ahmt nicht nur bestimmte Gesten
und Worte nach, sondern auch Einstellungen, Rollenerwar-
tungen, komplexe zusammenhängende Verhaltenssequen-
zen, und zwar meist unbewußt und unbeabsichtigt. Das Beobachtete muß nicht sofort umgesetzt werden: Kinder lernen durch Beobachten und Speichern (*latentes Lernen*) und
wenden das Gelernte an, wenn die Gelegenheit dazu gekommen ist, die Situation es erfordert. Das kann Jahre später erst
der Fall sein.
   Viele Kinder nehmen sich fest vor, später als Erwachsene
auf keinen Fall so zu sein wie die eigenen Eltern; doch wenn
sie dreißig Jahre später ihren eigenen Kindern gegenübersit-
zen, kommen die gleichen Sorgen, die gleichen Ermahnun-
gen, die gleichen öden Belehrungen über ihre Lippen, sobald
die Situation der früheren ähnelt.
   Auch Spielgefährten, Haustiere oder Fernseh-Gestalten
können das Verhalten des beobachtenden Kindes nachhaltig
beeinflussen. In der Regel imitiert das Kind denjenigen, dessen Verhalten es für erfolgversprechend hält.

Ob ein Kind sich in eine Gruppe einordnet, ob es „das Sagen" haben will, ob es mit anderen kooperiert oder sich aggressiv behauptet, lernt es demnach bereits in den ersten Lebensjahren durch Beobachten, Nachahmen, durch Identifikation mit Vorbildern – und durch Anerkennung und den Erfolg, den das Kind mit seinem Verhalten hat. Wird es ermutigt, sich durchzusetzen, nimmt man seine Anregungen und Lösungsvorschläge ernst, überträgt man ihm Verantwortung für andere Menschen im Rahmen seiner Möglichkeiten und ist auch als Erwachsener bereit, sich situativ der Führung eines Kindes unterzuordnen, so wird Führungsverhalten gefördert, geübt und gefestigt. Dieser gesamte Lernprozeß stellt die *Sozialisation* des Kindes dar, das allmähliche Hineinwachsen in die Erwartungen und Verhaltensweisen der Gesellschaft, in der das Kind lebt.

Spezifische Anlagen und Begabungen können das Lernen erleichtern oder erschweren; sie bestimmen in Wechselwirkung mit Einflüssen aus Erziehung und Erfahrung die Persönlichkeit des heranwachsenden Menschen.

1.3 Angeborenes oder erworbenes Verhalten?

Sprachfreie Kommunikation

Neben den individuellen Eigenarten des einzelnen Menschen gibt es auch Verhaltensanteile, die allen Menschen gemeinsam sind und die sich im Laufe der Menschheitsgeschichte (Phylogenese) entwickelt und über alle Rassen, Kulturen und Umgebungseinflüsse hinweg bis heute erhalten haben. Sie bestimmen unser Gruppenverhalten in ausgeprägterem Maße, als uns das in der Regel bewußt wird. Diese Erkenntnis geht vor allem auf die Arbeiten der Verhaltensforscher, darunter Konrad Lorenz und Eibl-Eibesfeld zurück.

Zum einen gehört hierzu das artspezifische, also typisch menschliche Verhalten, das sich in vielfältigen Ausdrucksformen in Körpersprache, Gefühlen und Bewertungen zeigt und Menschen von anderen Lebewesen deutlich unterscheidet.

Zum anderen fallen darunter Verhaltensweisen, die sich im Laufe der Evolution als förderlich für das Überleben der Art erwiesen haben und sich im Sinne einer positiven Auslese weitervererbt haben.

Hierzu zählen viele Flucht- und Schutzreaktionen, die sehr schnell und weitgehend unbewußt ablaufen; dazu gehören auch Gefühle wie Angst und Mißtrauen, die Gefahr signalisieren und sich gerade in größeren Gruppen rasch ausbreiten (vgl. Massenhysterie und Panik). In der Regel registriert der einzelne Mensch in einer Gruppe eine bedrohliche Stimmung, bevor er überhaupt ausmachen kann, ob eine Gefahr und von welcher Seite sie droht. Er reagiert auf körpersprachliche Mitteilungen der anderen Gruppenmitglieder, die meistens weder absichtlich übermittelt, noch bewußt aufgenommen werden. Das Flackern oder Blinzeln der Augen, ein kurzes Kopfeinziehen, ein Stocken im Sprechen – vielfältig sind die Zeichen, die jeder Mensch beim anderen in Sekundenbruchteilen registriert und als Hinweis auf drohende Gefahr deutet.

Besonders der *Rudelführer/die Rudelführerin* (s.u.) hat hier eine suggestive Wirkung: signalisiert er/sie Alarm und Bedrohung, so wird die ganze Gruppe in Aufregung und erhöhte Reaktionsbereitschaft versetzt. Gehen vom Rudelführer Ruhe und Gelassenheit aus, beruhigt sich auch die Gruppe wieder, gleichgültig, wie bedrohlich eine Situation wirklich ist.

Anschaulich kann man dieses Gruppenverhalten im Kindergarten beobachten: bei unklaren Geräuschen oder Gerüchen sehen die Kinder von ihrem Spiel auf – aber nicht etwa, um herauszufinden, woher die Störung kommt, sondern um sich nach der Erzieherin umzusehen. Bleibt sie ruhig, schaut gar nicht auf, spricht weiter in gleicher Stimmlage und -tempo, so spielen und werken auch die Kinder weiter. Blickt die Erzieherin mit ruckartigen Bewegungen des Kopfes um sich (sie „sichert"), steht rasch auf oder bewegt sich hastig im Raum, hebt die Stimme und spricht schneller, so geraten auch die Kinder in nervöse Unruhe und scharen sich um die Rudelführerin. Das läuft völlig sprachfrei ab. Über das beunruhigende Ereignis braucht kein Wort zu fallen – die Kinder werden sogar trotz beruhigender Worte ängstlich bleiben, solange die Erzieherin selbst in Mimik und Gestik aufgeregt wirkt.

Körpersprache ist die älteste Mitteilungsform des Menschen, mit der er seinen Genossen vor allem seinen Gefühlszustand mitteilt. Über Körpersprache können sich Stimmungen in Gruppen ausbreiten, die von einem Extrem ins andere wechseln können, ohne daß auch nur ein Wort gesprochen würde.

Bindungsbereitschaft

Ein weiteres angeborenes, allgemeinmenschliches Verhalten, das das Zusammenleben entscheidend beeinflußt, ist die Bindungsbereitschaft des Menschen. Die *Attachment-Forschung* (to attach = kleben, haften, anheften) belegt, daß dieses Verhalten ganz besonders geeignet ist, das Überleben des einzelnen – etwa des hilflosen Kleinkindes oder des geschwächten Artgenossen – zu sichern. Es bildet die Grundlage für den Zusammenhalt und Erfolg der ganzen Gruppe, denn weder Zusammenarbeit noch Kampfbündnisse wären denkbar ohne das Grundbedürfnis des Menschen, sich an andere Menschen zu binden und auch Rücksicht auf Schwächere zu nehmen.

Die Psychophysiologie hat in den letzten Jahren verblüffende Erkenntnisse aus der Hirnforschung beigesteuert; demnach lassen sich bestimmte Hormone nachweisen (u.a. das Oxytozin, das als „Bindungshormon" gilt), die bei lebhaften zwischenmenschlichen Kontakten ausgeschüttet werden und zu einer engen Bindung der Beteiligten untereinander beitragen. Jede Gefühlsaufwallung, die wir mit anderen Menschen teilen, bindet uns aneinander – seien es freundliche, warmherzige, liebevolle Empfindungen oder solche gemeinsam durchgestandener Angst, Verzweiflung, Zorn und Feindseligkeit.

Milieuoptimismus in der Pädagogik

In der Frage, ob menschliches Verhalten eher angeboren, vererbt, oder aber durch Lernen im weitesten Sinne bestimmt ist, erhielten zunächst einmal diejenigen Auftrieb, die im Zusammenhang mit der *Vererbungslehre Mendels* (um 1856) *und Darwins* (um 1872) das Wesen eines Menschen durch Erbgut weitgehend festgelegt sahen. Man schloß aus den Beobachtungen Darwins, daß jemand zum Duckmäuser oder Anführer geboren wurde, je nach den Erbanlagen, die ihm seine Vorfahren mit auf den Lebensweg gegeben hatten. Der Erziehung kam unter diesem Blickwinkel eine nur geringfügig korrigierende Bedeutung zu.

Die Gegenposition vertreten dagegen die Milieutheoretiker. Für sie liegen in den vielfältigen Lern- und Umweltreizen die entscheidenen Impulse für die Entstehung und Veränderung menschlichen Verhaltens. Der Mensch ist von ihrem Standpunkt aus ein durch das Milieu im weitesten Sinne bestimmtes Wesen. Die extremste Auffassung dieser Richtung vertreten seit den Zwanziger Jahren die Behavioristen (behavior = Verhalten), als deren prominentester Vertreter *J.B. Watson* (1887–1958) gilt. *Watson* war davon überzeugt, daß bei jedem gesunden Kind jedes beliebige Wesen und Verhalten durch genau geplante Umwelt- und Lerneinflüsse hervorzurufen sei, gänzlich unabhängig von Anlagen oder Neigungen.

Für die Pädagogik hat es eine weitreichende Bedeutung, welcher Theorie man anhängt. Nimmt man nämlich an, der Mensch sei überwiegend durch Erbfaktoren festgelegt, so erübrigt sich eine aufwendige Förderung; dann ist es naheliegend, Menschen zu „züchten" durch Kombination von erwünschten Eigenschaften, wie es zum Beispiel der Erblehre-Ideologie der Nationalsozialisten entsprach. Was das für Folgen für „erbmäßig Minderwertige" zwischen 1933 und 1945 hatte, zeigen die Euthanasie-Programme jener Zeit in erschreckender Konsequenz.

Als *Milieuoptimisten* gelten dagegen die Pädagogen, die von einer Beeinflußbarkeit des Menschen durch Lernen und Erziehungseinflüsse ausgehen. Sie betonen den anregenden, unterstützenden, fördernden Aspekt der Erziehung, was in der Tat eine optimistische, positive Arbeit ermöglicht. Die pädagogischen Konsequenzen dieser Richtung haben sich niedergeschlagen in der Reformpädagogik der Zwanziger Jahre (Nohl, 1935), in der Frühförderung in den Sechziger Jahren (Corell, 1970), in der kompensatorischen Erziehung sozial Benachteiligter und in der Bildungsreform der Siebziger Jahre (Deutscher Bildungsrat, 1970).

Kindergartenerziehung, wie sie heute in Einklang mit moderner Pädagogik und Psychologie verstanden wird, *ist grundsätzlich milieuoptimistisch:* auch wenn jedem einzelnen Kind eine besondere unverwechselbare Persönlichkeit, spezifische Begabungen und Anlagen zugeschrieben werden, wird doch der größere Einfluß auf die Gesamtentwicklung eines Menschen im sozialen Umfeld – Elternhaus, Kindergruppe, Erzieher – gesehen. Besonders dort, wo Familie und Wohnbedingungen die Bildungs- und Lebenschancen des einzelnen Kindes nicht ausreichend fördern, kommt der öffentlichen Erziehung im Kindergarten ein besonderer Auftrag zu.

1.4 Allgemeinmenschliches im Umgang mit anderen Menschen

Der Mensch als Rudel-Wesen

Bezogen auf das Zusammenleben der Menschen miteinander läßt sich aus den Erkenntnissen der Verhaltensforschung schließen, daß der Mensch für ein Leben in kleineren Gruppen optimal angelegt ist. Nicht die großen Massen sind artgemäß, auch nicht das ausschließliche Zusammenleben zu zweit (Hofstätter, 1957). Der Mensch ist weder „Herdentier", noch Paargänger. Das Rudel oder die Horde, eine Gruppenstärke von etwa 10 bis 15 Altersgenossen, ist die optimale Gruppengröße, in der der Mensch mit seinen phylogenetisch erworbenen Verhaltensmustern am besten zurechtkommt. Innerhalb dieser Gruppe bilden sich meist noch Untergruppierungen, die die eigentliche Bezugsgruppe für das Individuum darstellen. Sie können kurzlebig und nur zu bestimmten Zwecken zusammengekommen sein (z.B. Arbeitsgruppen). Sie können über Jahre bestehen und den eigentlichen Kern geselligen Lebens für einen Menschen darstellen (z.B. Freundeskreis, Club).

Wem es an Eingebundensein in solche Bezugsgruppen (social support, vgl. Kap. 9.3) fehlt, dem mangelt es nicht nur an Kontakt und Entspannung, sondern an ganz entscheidenden Möglichkeiten der Selbstverwirklichung, Bestätigung und Herausforderung, ohne die der Mensch auf Dauer nicht leben kann.

Lernen in Primärgruppen

Ausgangsbasis für das Zusammenleben in Gruppenverbänden war für den einzelnen Menschen seit Urzeiten die Familie (Primärgruppe). In enger persönlicher Vertrautheit miteinander lebten in der Regel mehrere Generationen zusammen. Jedes Mitglied hatte in der Gruppe eine feste Rolle, die von Alter und Verwandtschaftsverhältnissen bestimmt war. Genaue Verpflichtungen und Rechte für den einzelnen leiteten sich aus einer einfach strukturierten Arbeitsteilung ab. Den Ältesten einer solchen Gemeinschaft kam aufgrund ihrer großen Lebenserfahrung und ihres für das Überleben der Gruppe so wichtigen praktischen Wissens eine Führungsposition zu.

Ein Kind lernt in einer solchen Lebensgemeinschaft, die sich auch heute noch überall dort erhalten hat, wo die Gruppengrößen überschaubar sind, ohne besondere Anleitung durch Beobachten und Handeln alles, was es für das Leben in dieser Gemeinschaft zu lernen gibt. Eine besondere Ausbildungsstätte, wie Schulen oder Kindergärten, ist da nicht nötig.

Das Kind lernt so auch ohne besonderes Hervorheben, Aufgaben in der Gemeinschaft zu übernehmen, die sein Selbstbewußtsein im Einklang mit zunehmendem Alter und Fähigkeiten wachsen lassen. Zu diesen Aufgaben gehören selbstverständlich auch Führungsaufgaben, die mit Ehre und

Ansehen verbunden sind und das Selbstbehauptungsstreben des einzelnen Menschen befriedigen.

Wie künstlich wirkt im Vergleich mit dem Lernen-durch-Erleben unsere heutige Form von verkopftem Lernen! In Kindergarten und Schule wird unseren Kindern überwiegend eine von Erwachsenen ausgedachte Übungswelt geboten, an der sie theoretisch lernen sollen, wie man „im Leben draußen" zurechtkommt. Darüber täuschen auch die mahnenden Worte über dem Schulportal nicht hinweg: „Nicht für die Schule, sondern für das Leben lernen wir!" Währenddessen läuft das Leben draußen ohne die Kinder ab; daß sie da lustlos und unruhig, unkonzentriert und widerspenstig auf den Nachmittag, auf Schulentlassung, auf Selbständigkeit, auf Mündigkeit warten – es dürfte uns nicht wundern. Wohl muß es uns betroffen machen, daß wir unsere Nachwachsenden womöglich in der Zeit größter Lernbereitschaft am wirklichen Lebenlernen hindern.

1.5 Führungsanspruch und Körpersprache

Es ist ein Merkmal einer selbstbewußten, stabilen Persönlichkeit, daß sie Herausforderung sucht und annimmt, daß sie sich bewähren und vor anderen als stark erweisen will. In unserem angeborenen körpersprachlichen Verhalten haben wir eine Vielzahl von Gesten, die Größe, Stärke, Imponieren angesichts potentieller Feinde demonstrieren sollen, aber auch den eigenen Gruppenangehörigen gegenüber Überlegenheit, Führungsanspruch und Selbstbehauptungswillen signalisieren. Wir richten den Oberkörper auf, recken das Kinn vor bei Empörung und Widerspruch, wir zeigen die Zähne (die ursprünglich eine solide Waffe des Menschen waren und noch heute Kampfkraft signalisieren), knirschen mit den Zähnen bei Wut und Zorn; wir blähen die Nasenlöcher auf und schnauben hörbar, wenn wir unzufrieden oder gereizt sind. Diese Ausdrucksgesten sind als Droh- und Imponiergebärde allen Menschen über alle Kulturen hinweg seit Urzeiten gemeinsam und werden auch von allen Menschen sprachfrei richtig verstanden. Sie sind nicht an Geschlechtsmerkmale gebunden, werden von Frauen wie Männern angewandt und lassen in keinem Fall den Schluß zu, nur eine der beiden Gruppen sei von Natur aus für das Größermachen und Aufblasen geeignet!

Die Mode spiegelt die Rollen-Erwartungen in einer Kultur wider. Zur Zeit staffieren sich in Mitteleuropa die Frauen mit Schulterpolstern aus – Zeichen einer Verbreiterung von Selbstbewußtsein? Bei näherem Hinsehen widersprechen dem allerdings die hochgezogenen und nach vorn gebogenen Schultern, mit denen frau eher etwas fröstelnd und unschlüssig im gesellschaftlichen Leben herumsteht. Die Haltung wird nicht nur durch den modischen Zwang, Hände in Rocktaschen zu stecken und mit der Schulter ein Riementäschchen hochzuhalten, vorgegeben. Körpersprache drückt vor allem innere Befindlichkeit aus; und die ist bei vielen Frauen offenbar noch nicht so eindeutig breitschultrig, wie die derzeitige Kleidermode.

1.6 Rangneid und Machtkämpfe

Nicht nur nach außen gilt es, die eigene Position in der Bezugsgruppe zu demonstrieren; auch im Inneren einer Gruppe ist der Anführer nie vor Herausforderung und Angriff sicher. Nachwachsende erproben die eigenen Kräfte, streben nach Übernahme der Führungsposition; mit Kritik und Attacken wird die Überlegenheit eines Anführers ständig getestet. Falls er/sie sich als schwach erweist, ist die Gruppe sofort bereit, den Anführer zu stürzen und sich nach einem geeigneten Nachfolger umzusehen. Vom „Hosianna!" zum „Kreuzige ihn!" ist in allen Gruppen nur ein kleiner Schritt.

Auch dieses Verhalten hat im biologischen Sinne einen unmittelbaren Wert, hängt doch das Überleben einer Gruppe und unter Umständen das eines jeden Mitgliedes entscheidend von umsichtiger, kompetenter Führung ab. Mangelt es dem/der Führenden an den Fähigkeiten, die für den Fortbestand ihrer Gruppe dringend notwendig sind, oder mangelt es ihnen an der Autorität, sich durchzusetzen (Akzeptanz), so ist die ganze Gruppe geschwächt und wird leicht ein Opfer potentieller Feinde. Die „Hackenbeißer", die Riege der nachwachsenden Infrage-Steller, gehören ebenso zur Hierarchie einer funktionierenden Gruppe, wie die Person an der Spitze, wie die Basis der Geführten.

Die Geschichte aller Völker ist zugleich eine Geschichte von Aufstieg und Fall ihrer Anführer, denen auch aus den eigenen Reihen mit Intrige, Verrat und im Extrem mit Mord die Führungsposition streitig gemacht wird.

Neid, Eifersucht und Mißgunst sind zutiefst menschliche Eigenschaften, die sich um Führungspositionen ranken. Auch dort, wo sie in mühsamem Erziehungsprozeß überwunden werden sollen, erweisen sie sich als extrem hartnäckig, wie die Geschichte des christlichen Abendlandes zeigt.

Hat der Mensch sich seit Urzeiten geändert? In dieser Beziehung nicht. Wir leben zwar in anderen äußeren Bedingungen, doch die Grundbedürfnisse und arteigenen Verhaltensmuster sind gleichgeblieben. Sie werden durch Erziehung modifiziert, kontrolliert; sie verschwinden nicht vollständig, und selbst der kultivierteste Mensch hat alle phylogenetisch erworbenen Muster parat, die sein Verhalten mitbestimmen, ob er sich dessen bewußt ist oder nicht.

1.7 Führungsverhalten und Geschlechtsrolle

Stärke und Schläue

Vom Führungsverhalten an der Spitze einer Gruppe hängt der Erfolg der Gemeinschaft ganz entscheidend ab, wie bereits ausgeführt. Das ist nicht nur in Staatsgebilden, Wirtschafts- und Arbeitsgruppen so, das bezog sich auch schon auf die urzeitlichen Familiengruppen, deren Zielsetzung das Überleben war. Demnach gibt es einen Sinn, wenn diejenigen Führungsaufgaben übernehmen, die dazu die am besten geeigneten Eigenschaften haben: körperliche Stärke kann

das sein, Schnelligkeit und Kampfkraft, aber auch intellektuelle Schläue oder Unauffälligkeit im Angesicht von Feinden.
Welches Führungsverhalten der Gruppe Erfolg verspricht,
hängt davon ab, welche Anforderungen eine bestimmte
Gruppe in einer bestimmten Lebensumgebung zu bestehen
hat.

Nicht jeder Anführer ist mit seinen persönlichen Fähigkeiten in jeder Gruppe gleich erfolgreich. Das klingt wie
eine Binsenweisheit, ist aber im Zusammenhang mit der Er-
lernbarkeit von Führungsverhalten von weitreichender Bedeutung.

Führungsverhalten ist in unserer Gesellschaft noch immer
eng mit (Wett-)Kampf, körperlichem Durchsetzen und
emotionaler Härte assoziiert. Ob diese Eigenschaften heute
wirklich noch zum Erfolg, das heißt zum Überleben sozialer
Gebilde beitragen, ist sehr fraglich, besonders unter dem
Aspekt sich rasch weltweit ausbreitender Konflikte. Auch in
den wettbewerbsorientierten Unternehmen der Wirtschaft
beginnt man, den Wert auf Kampf ausgerichteter Führungsstrategien zu überdenken, in Anbetracht von Unzufriedenheit und Motivationsverlust der Mitarbeiter, von Verschleiß
der Manager, von stagnierender Produktivität.

Was jedoch nicht ernsthaft in Frage gestellt wird, ist die Ver-
knüpfung von Führungsverhalten mit der männlichen Geschlechtsrolle. Mann sein und den Vorrang beanspruchen,
gilt in den allermeisten Kulturen als normal und selbstverständlich. In den Zeiten, da Frauen durch Geburt und Ver-
sorgung kleiner Kinder an das Haus gebunden sind, hat es
einen praktischen Wert, wenn sie Führungsaufgaben innerhalb dieses Bereiches übernehmen. Sobald aber die Aufga-
benteilung zwischen den Geschlechtern nicht mehr inhalt-
lich begründbar ist, wird das Beharren auf Führungsan-
sprüchen nur aufgrund der Geschlechtszugehörigkeit unsin-
nig. Das gilt prinzipiell für beide Geschlechter.

Noch immer werden als wünschenswerte Eigenschaften
von Jungen in der Vorschulzeit unabhängiges Verhalten, Ag-
gressivität, körperliche Tüchtigkeit, Leistungsbereitschaft
und Behauptungswillen gefördert. Mädchen dagegen wer-

den noch immer abhängig, passiv, ausgeglichen und aggressiv-gehemmt erzogen, sich unterordnend und Führungspositionen nicht beanspruchend (Stone und Church, 1978; Nickel und Schmidt-Denter, 1991).

Frauen in Führungspositionen

Da erstaunt es nicht, daß auch im Erwachsenenalter kaum Frauen in Führungspositionen anzutreffen sind. In Parteien und Wirtschaft, in Gemeinde und Verwaltung sind trotz bekundetem Bestreben, „den Anteil der Frauen zu erhöhen" – Stellenausschreibungen – die Männer an der Spitze weitgehend unter sich. 36% aller Frauen in der alten Bundesrepublik waren 1988 berufstätig, doch nur 2,3% davon waren in der Geschäftsführung von Unternehmen, nur 4% in Abteilungsleiterpositionen tätig (Management Wissen 1/90, p.64).

Nur da, wo Männer nicht zur Verfügung stehen, wird auf die *Human-Resource Frau* zurückgegriffen, steigen Frauen auch in Leitungspositionen auf. In der Zeit am Ende des 2. Weltkrieges haben viele Frauen ihre Familien und Betriebe allein und mit Erfolg geführt, doch sobald die Männer aus dem Kriegsdienst zurückkamen, gaben sie verblüffend rasch Führungsanspruch und -position wieder ab. Unsere Mütter zogen sich, dem Beispiel ihrer Mütter folgend, zurück in die klassischen Frauenbereiche Verpflegung, Betreuung und Erziehung. Etwa wegen mangelnder anderer Fähigkeiten? Kaum. Auch nicht wegen fehlender Erfolge. Was der Mensch dringend braucht, um sich eine schwierige Situation zuzutrauen und sie durchzustehen, ist die gefühlsmäßige Unterstützung durch seine Bezugspersonen (vgl. Kap. 9.3). Auch der Wille zum sozialen Aufstieg ist nur dort gegeben, wo die Unterstützung der Familie und des sozialen Umfeldes sicher ist. „Wenn Aufstieg mit dem Verzicht auf Nestwärme der gewohnten Umgebung erkauft werden muß" (Schmölders, 1975, p.156), wird er nicht angestrebt – das geht nicht nur Frauen so.

Daß Frauen in Führungspositionen nicht gerade mit Unterstützung derjenigen rechnen können, denen sie Position und

Machtanspruch streitig machen, liegt auf der Hand. „Die Frauen dürfen so wenig auf die Hilfe der Männer warten, wie die Arbeiter auf die Hilfe der Bourgeoisie warteten", schrieb *August Bebel* schon 1879 (p.161).

Finden Frauen in Führungspositionen wenigstens Unterstützung in den eigenen Reihen? Finden sie Vorbilder bei ihren Müttern, Ermutigung bei den Kolleginnen, Rückhalt und Bewunderung bei ihren Töchtern?

Leiten setzt voraus, daß sich andere leiten lassen: ob ein Anführer gewählt oder eingesetzt worden ist, er ist darauf angewiesen, daß die Gruppe, die er anführt, seine höhere Position akzeptiert und seiner Führung folgt. Frauen scheinen ebenso wenig wie Männer eine weibliche Vorgesetzte zu akzeptieren (Dowling, 1984), die Gründe dafür sind vielschichtig.

Intrigen, Neid und Mißgunst begleiten auch den Aufstieg männlicher Führungskräfte, das sind mitnichten typisch weibliche Eigenschaften. Was Frauen die Position an der Spitze zur Zeit noch besonders erschwert, ist die Tatsache, daß sie damit gesellschaftliche Grenzen überschreiten. Sich über Regeln hinwegzusetzen – seien sie noch so willkürlich – zieht die heftigsten Anfeindungen derer nach sich, die diese Regeln verteidigen.

Eine Frau in einflußreicher Position ist in besonderem Maße Argwohn und Anfeindungen ausgesetzt. Sie hat sich in eine Domäne vorgewagt, die Männern vorbehalten ist, hat im gruppendynamischen Sinn „Uns hier" verlassen und ist zu „Denen da" übergelaufen. Damit signalisiert sie den Geschlechtsgenossinnen nicht nur, daß ihr das „Frau-unter-Frauen-Sein nicht reicht", sondern stellt auch eine ständige Aufforderung für die Frauen an der Basis dar, doch ihrerseits den Aufstieg in Führungspositionen anzustreben und das bequemere Mäuschen-Dasein aufzugeben. Um diesen Anspruch abzuwehren, sind andere Frauen daher schnell bereit, der Vorgesetzten die Weiblichkeit abzusprechen und ihr „Haare auf den Zähnen" zuzuschreiben. Karriere-Ehrgeiz und Weiblichkeit schließen sich dem geltenden Rollenklischee nach aus. Andere Vorwürfe zielen auf die Unvereinbarkeit von persönlicher Karriere mit klassischem Rollenverhalten in Familie und Haushalt ab: wer im Beruf höher hinaufkommt, kann doch nicht gleichzeitig eine gute Hausfrau und Mutter sein. Nicht nur zeitlich, auch von den Interessen her werden diese beiden Bereiche weiblicher Tätigkeit als unvereinbar angesehen. Dabei werden extreme Maßstäbe angelegt und erfolgreich gleichgesetzt mit Perfektion. Jede schlechte Schulnote eines Kindes, jede ungeputzte Fensterscheibe wird einer berufstätig erfolgreichen Frau als Versagen angelastet. Kindererziehung und gepflegtes Heim müssen einer Karriere-Frau in den Augen anderer Frauen zwangsläufig entgleiten, und die professionelle Hilfe, die sie von Hausangestellten erhält, wird ihr als Bequemlichkeit angelastet.

Auch wenn hier wissenschaftliche Daten noch ausstehen, kann vorläufig zusammengefaßt werden: Was Frauen das Führen in unserer Gesellschaft bislang noch schwer macht, ist ein vielschichtiges Ursachen-Wirkungs-Geflecht, das mit fehlendem Vorbild, geringer Erfahrung, mangelnder Unterstützung, aber auch mit fehlendem Mut zur Macht und mit Rivalität und Neid zusammenhängt.

Voraussetzung für Erfolg in Führungspositionen innerhalb von Arbeitsgruppen und Betrieben sind neben Fachkompetenz solide Kenntnisse von Managementtechniken und eine stabile Persönlichkeit. *Es gibt keinen wissenschaftlichen Grund anzunehmen, daß Frauen in irgendeinem dieser Bereiche ihren männlichen Kollegen grundsätzlich unterlegen seien.*

2

Gruppenstrukturen und Führungsstile

Der Erfolg einer Gruppe ist nicht nur an der gemeinsamen Leistung zu messen, sondern auch an der Zufriedenheit der einzelnen Mitglieder mit der Gruppe und am Gruppenzusammenhalt.

2.1 Frühe Erfahrungen in der Familie

Die ersten Erfahrungen, die der Mensch in der Regel im Zusammenleben mit anderen Menschen macht, sammelt er in seiner Kindheitsfamilie, wie in Kap. 1.2 ausgeführt. Auch wer wen leitet oder sich von wem leiten läßt, beobachtet das Kind über Jahre hinweg.

Aus dem Zusammenfügen aller Vorbilder, aus der „allmählichen Integration aller Identifizierungen" (Erikson, 1991) entwickelt sich die psychosoziale Identität eines Menschen, das ist seine Position, sein Selbstverständnis, sein Zurechtfinden in der Gemeinschaft. Ein besonderes Gewicht kommt dabei den gleichgeschlechtlichen Vorbildern zu.

Steht durch eine besondere Familienkonstellation kein gleichgeschlechtlicher Elternteil zur Verfügung oder verbietet sich die Identifizierung mit einem Elternteil, so kann das Kind in seinem geschlechtsspezifischen Verhalten stark verunsichert werden.

Das ist ein Problem, dem Alleinerziehende nach Trennung oder Verlust des Partners begegnen müssen. Ähnliche Unsicherheit kann auch provoziert werden, wenn sich Eltern heftig befehden und das Kind in Konflikte einbeziehen, die ihm die Bindung an den gleichgeschlechtlichen Elternteil erschweren.

In wieder anderen Fällen können sich eigene ungelöste Identitätsprobleme eines Elternteils in pauschalem Haß auf das andere Geschlecht entladen und die Identifizierung des Kindes mit seiner eigenen Geschlechtsrolle extrem belasten. Denn niemand übernimmt unbeschadet eine Rolle, die in seiner Bezugsgruppe geächtet, verspottet oder niederrangig ist – das löst tiefe Unsicherheit und Minderwertigkeitsgefühle aus (Erikson, 1991).

In Mitteleuropa hat sich in den letzten 40 Jahren die Familiensituation drastisch verändert (vgl. hierzu Schneewind und v. Rosenstiel, 1992): Viele Kinder leben mit nur einem Elternteil, viele in neu zusammengesetzten Familien, in denen es unterschiedlichste Verwandtschaftsverhältnisse und Bindungsgefüge gibt. Immer mehr Kinder wachsen als Einzelkinder auf, und die Familien mehren sich, in denen es weder Cousins und Cousinen, noch Onkel und Tanten gibt, weil schon beide Eltern Einzelkinder waren.

Zusammenleben mit anderen Menschen lernt sich durch Zusammenleben mit anderen Menschen. Wenn aber die Gruppen immer kleiner werden, die Beziehungsgeflechte immer dünner, die Zeit, die miteinander verbracht wird, kürzer, die gemeinsamen Aktivitäten künstlicher, so wird das Lernfeld auch immer spärlicher, in dem Kinder Zusammenleben beobachten und üben können. Ihre Kenntnis von Gruppenleben beziehen Kinder zunehmend aus betrachtetem Fernseh-Leben, immer weniger aus eigener Lebenserfahrung. Für viele ersetzt die Verwandtschaft einer Fernsehfamilie schon die eigene Verwandtschaft und dient als Vorbild für Zusammenleben in der Familie.

Besonders erfolgreich im Sinne der eingangs aufgestellten These sind heutige Familienstrukturen nicht. Auch wenn die Gruppenleistung in einer Familie schwer zu definieren ist (Lebensstandard?) – an der Zufriedenheit der Mitglieder und am Gruppenzusammenhalt mangelt es in einem erheblichen Anteil deutscher Familien, wie die Zunahme von Ehescheidungen und Verhaltensproblemen zeigen.

Geblieben sind jedoch die Fähigkeit und das Bedürfnis des Vorschulkindes, seinen Platz in der Gesellschaft durch Beobachten und Nachahmen zu lernen. *Hier kommt dem Kindergarten eine wachsende Bedeutung zu.*

2.2 Modell-Lernen im Kindergarten

Die Erzieherin ist seit jeher unmittelbares Modell für Mutter-Verhalten, das von den älteren Kindergartenkindern beobachtet, beurteilt und von vielen Mädchen nachgeahmt wird. Wie aber mag auf die Kinder wirken, daß weit und breit kein Vater-Modell in der öffentlichen Vorschulerziehung existiert? Muß das nicht den Eindruck verstärken, den viele Kinder aus der eigenen Familie mitbringen, Erziehung sei Frauensache? Besuch beim Arzt, Gang zur Post, kochen, klettern, basteln – mit Jungen ja, mit Männern nicht. Schmusen, verkleiden, kichern und kalbern – Koedukation fördert ein breites Verhaltensspektrum für beide Geschlechter. Doch was man davon als Erwachsener beibehält, hängt entscheidend von den gleichgeschlechtlichen Modellen ab, die man im Kindesalter beobachtet.

Die sind für Jungen noch immer rar.

2.3 Führungsstil und Gruppenverhalten

Lewins Experiment zu Führungsstilen

Der Sozialpsychologe *Kurt Lewin* führte zusammen mit Kollegen an der IOWA-Universität in USA in den Jahren vor dem Zweiten Weltkrieg beeindruckende Experimente zur Auswirkung von Führungsverhalten mit Kindern und Jugendlichen durch, die auch heute noch nichts an Gültigkeit verloren haben. Das Anliegen Lewins, der selbst vor dem Zugriff der Nationalsozialisten aus Deutschland geflohen war, lag darin, die negative Wirkung autoritär-unterdrückender Erziehung aufzuzeigen und, wenn möglich, solche Führungsstile zu beschreiben, die zu einer Entfaltung und Ermutigung der Geführten, zu Persönlichkeitsreifung und Selbständigkeit beitrugen.

Die folgenden Schilderungen des Lewin'schen Experiments entstammen einem tschechoslowakischen Film der Fünfziger Jahre, der mit Kindergartenkindern gedreht wurde. Dort wurden drei Gruppen von Vorschulkindern durch dieselbe Erzieherin mit einer bestimmten Bastel-Aufgabe betreut. Die Gruppenleiterin war in allen drei Gruppen die gleiche, aber ihr Verhalten war von Gruppe zu Gruppe sehr verschieden.

a) Autoritärer Führungsstil

In der ersten Gruppe trat die Leiterin autoritär auf, d.h. sie bestimmte ganz genau, was die Kinder zu tun, was sie zu lassen hatten; sie gab genau vor, welche Aufgabe zu erledigen war und sorgte dafür, daß die Kinder still, gesammelt und auf die Aufgabe konzentriert waren. Gute Leistungen wurden knapp gelobt, schlechte scharf kritisiert. Austausch und Kontakt der Kinder untereinander waren nicht gestattet.

Die Sitzordnung entsprach dem Frontalunterricht, die Kinder durften ihre Plätze nicht verlassen.

b) Demokratischer Führungsstil

In der zweiten Gruppe verhielt sich die Leiterin demokratisch, d.h. sie stellte die Aufgabe und ermutigte die Kinder dazu, den Weg dahin selbst zu bestimmen, Lösungsvorschläge zu machen, Material und Zeit nach eigenem Gutdünken einzuteilen. Lebhafter Kontakt zwischen den Kindern wurde angeregt, Hilfe und Zusammenarbeit unterstützt. Die Leiterin zeigte sich freundlich und interessiert an allen Details, ohne durch besonderes Lob einzelne Kinder herauszuheben. Sie ermutigte zu gemeinschaftlichen und zu eigenwilligen Lösungen.

Die Sitzordnung war freigestellt, die Leiterin ging mal zu diesem, mal zu jenem Kind, die Kinder liefen je nach Arbeitsgang hierhin und dorthin, suchten sich Material und Partner selbst aus.

c) Laissez-faire-Führungsstil

In der dritten Gruppe schließlich trat die Leiterin mit einer Haltung auf, die als laissez-faire bezeichnet wird, d.h. sie gab nur die Aufgabe bekannt, überließ aber Weg und Ergebnis vollständig den Kindern, gab weder Anerkennung und Lob, noch Kritik oder irgendeine Form der Lenkung. Die Leiterin reagierte weder positiv, noch negativ auf die Kinder, beachtete weder die Kinder, die zu arbeiten anfingen, noch jene, die herumtobten.

Die Sitzordnung war so, daß die Leiterin in einer Ecke des Raumes saß und mit weitgehend unbewegtem Gesicht dem Treiben zusah. Die Kinder konnten sich bewegen, wie und wo sie wollten.

Ergebnisse:
Die Auswirkung dieser drei unterschiedlichen Führungsstile wurde unter den Gesichtspunkten Leistung, Zusammenhalt der Gruppe und Reaktion auf die Abwesenheit der Leiterin betrachtet.

Gruppe a)
Die Leistung in dieser Gruppe war sowohl der Menge, als auch der Gewissenhaftigkeit nach am besten. Kaum Materialausschuß, geringer Verbrauch, hohe Produktivität in der begrenzten Zeit. Da die Leiterin selbst vieles mitmachte und korrigierte, lag die Qualität über dem altersüblichen Niveau.

Das Verhalten der Kinder untereinander war gedämpft, sie flüsterten miteinander, grenzten sich deutlich voneinander ab (Platz und Material verteidigend). Die Kinder wirkten ängstlich-scheu, kaum Seitengespräche, kaum Lächeln und Albernheiten. Die Kinder halfen sich bei auftretenden Schwierigkeiten nicht untereinander, ungeschickte oder unruhige Kinder wurden deutlich ausgegrenzt („Prügelknaben").

Als die Leiterin den Raum verließ, blieben die meisten Kinder auf ihren Plätzen sitzen, ließen die Arbeit aber sofort ruhen. Sie sprachen auch nach Fortgang der Leiterin nicht viel miteinander, manche Kinder wirkten bedrückt, ängstlich, andere gähnten, langweilten sich, legten sich quer über den Tisch. Keine Gruppenaktivität kam in Gang.

Gruppe b)
In der Gruppe wurde die eingangs gestellte Aufgabe in geringerer Menge und Qualität ausgeführt als in Gruppe a). Dazu gab es aber eine Reihe sehr origineller Extra-Arbeiten, die mit dem gleichen Material hergestellt worden waren. Die Arbeiten wirkten unbeholfener, kindhafter, aber eindeutig witziger, kreativer als in der Gruppe a).

Die Kinder führten lebhafte Gespräche, gaben und nahmen voneinander Material, Hilfe, Anregungen; sie kommentierten untereinander die Arbeiten, kritisierten, lobten sich gegenseitig. Lebhafte Spiele und Gespräche liefen nebenher ab, wodurch es relativ laut, aber nicht unruhig zuging.

Als die Leiterin die Gruppe verließ, veränderte sich

zunächst gar nichts; es hatte den Anschein, als hätten die Kinder die Veränderung gar nicht bemerkt. Sie arbeiteten weiter; die Spiele wurden nach einer Weile etwas lauter, Grüppchen zu zweit oder dritt spielten zusammen, teils mit dem Gebastelten, teils andere Spiele. An einem Tisch wurde unverändert weitergearbeitet.

Gruppe c)
Hier zeigte sich von Beginn an eine Polarisierung: einige Kinder begannen mit der vorgeschlagenen Arbeit, andere liefen im Raum herum und arbeiteten gar nicht. Die erreichte Arbeit war sehr unterschiedlich: geringe Menge fertiggestellter Basteleien, manche von guter Qualität, manche sehr flüchtig. Hoher Materialverbrauch, teils auch auf dem Boden verstreut; einzelne Werkzeuge waren bereits nach kurzer Zeit unauffindbar.

Im Laufe der Zeit wurden die herumlaufenden Kinder lebhafter, lauter, fingen an zu toben und störten die am Tisch arbeitenden zum Teil erheblich. Die arbeitenden Kinder zogen sich einzeln zurück, manche hörten auf zu basteln und schlossen sich dem Toben an, andere kapselten sich ab, andere saßen untätig im Hintergrund, beobachteten die Tobenden mit zwiespältigem Ausdruck. Es bildeten sich Zweiergrüppchen beim Arbeiten, die Herumtobenden bildeten eine immer größer werdende, den ganzen Raum einnehmende Gruppe. Tische und Stühle wurden umgerannt, Rempeleien nahmen zu.

Als die Leiterin den Raum verließ, nahm das Toben sprunghaft zu, die stilleren Kinder wurden z.T. direkt gefoppt und gestört, angefangene Arbeiten herumgeworfen, es kam vereinzelt zu Handgemenge und Tränen.

Schlußfolgerungen

Die dargestellten Ergebnisse sprechen für sich. Beeindruckend sind für uns über die Haupteffekte dieser Experimente hinaus folgende Aspekte: Kinder lassen sich sehr leicht und nachhaltig vom Verhalten ihrer Erzieher beeinflussen, und zwar nicht nur vorübergehend während der unmittelbaren Anwesenheit des Erwachsenen. Sie übernehmen das vorgegebene Verhalten auch für den Umgang untereinander und gehen mit ihresgleichen genauso um, wie der Erwachsene mit ihnen umgegangen ist. In Abwandlung des Sprichwortes „Was du nicht willst, daß man dir tu ..." könnte man die Forderung an die Erziehenden stellen: „Was du nicht willst, das die Kinder untereinander tun, das füge ihnen auch nicht selbst zu." Feindseligkeit, Desinteresse, Ironie und Geringschätzung vergiften das Gruppenklima nachhaltig. Diese ablehnende Grundhaltung auf seiten von Eltern und Erziehern ist es, die das Selbstwertgefühl eines Kindes verletzen, ja, für ein ganzes Leben zerstören kann (Rogers, 1979).

Interessant erscheint uns im Zusammenhang mit der antiautoritären Erziehung der späten Sechziger Jahre die Beobachtung Lewins, daß eine gleichgültige laissez-faire-Haltung keinesfalls die Fähigkeiten eines jeden Kindes fördert und stärkt. (Dies war auch nicht Erziehungsideal der ernsthaften antiautoritären Bewegung, als deren prominentester Vertreter *A.S. Neill* (1962) gilt, doch hat sich genau diese Haltung als pseudo-antiautoritär verbreitet.) Beschränkt sich Erzieherverhalten darauf, dem Kind teilnahmslos beim Leben zuzusehen und sich weder unterstützend, noch grenzensetzend einzumischen, so löst das Orientierungslosigkeit und Willkür bei den Kindern aus. Daß manches Kind dadurch seine eigenen Interessen erfolgreich durchzusetzen lernt, kann nicht bestritten werden. Doch das Abstimmen der eigenen Bedürfnisse mit denen anderer, das Sich-Zurücknehmen-und -Einfügen in Gruppen, das Entwickeln eines Spannungsbogens (vgl. Kap. 6.2 und 9.3) und damit der Fähigkeit, Konflikte auszuhalten und Kompromisse zu schließen, lernen gerade die stärkeren Kinder auf diese Weise nicht. Den schwächeren bleibt ohnehin nur ein unterer Rangplatz in der so gestalteten Hackordnung.

2.4 Die Entwicklung der Persönlichkeit durch Eigenständigkeit

Lewin faßte seine Beobachtungen zusammen in der pädagogischen Forderung:

„Nur in einem hinreichend freien Lebensraum, in dem das Kind die Möglichkeit hat, Ziele nach seinem eigenen Bedürfnis zu wählen, und in dem es zugleich die sachlich bedingten Schwierigkeiten im Erreichen der Ziele voll erlebt, kann sich eine klare Realitätsschicht herausbilden, kann die Fähigkeit zu eigenverantwortlicher Entscheidung wachsen." (1982, p.222)

Zu ähnlichen Schlußfolgerungen kam auch der Schweizer Psychologe *J. Piaget* aufgrund seiner Forschungen über die geistige Entwicklung von Kindern. Nur das eigenständige Handeln, so Piaget (1983), das Erforschen, Durchdenken und Erproben von Umwelt und eigenen Fähigkeiten fördern die Selbstsicherheit, das Zutrauen und die Weiterentwicklung der Person.

2.5 Wohin (er-)ziehen wir Kinder und Mitarbeitende?

Unter diesem Aspekt des Lernens durch Handeln, der das Erproben und Erfahren der eigenen Kräfte, Fähigkeiten und Möglichkeiten in den Mittelpunkt selbstbestimmten Lebens stellt, erscheint es nötiger denn je, den eigenen Begriff des Erziehens zu überdenken. Lange Zeit hießen die Erzieherinnen im Vorschulbereich Kindergärtnerinnen, und das Bild beschrieb recht anschaulich, daß Kinder wie Gartenpflänzchen gehegt und gepflegt und gedüngt und zurechtgezupft und mit Zuwendung bedacht werden, wie sie gedeihen und wachsen können in einem eigens für sie geschaffenen Kinder-Garten. Mag man auch dem romantischen Aspekt dieser Erziehungsauffassung nichts mehr abgewinnen – die heutige Berufsbezeichnung Erzieherin legt den Schwerpunkt deutlich auf aktives Ziehen und assoziiert damit auch Zerren, Kraftaufwenden und vorgegebene Zielrichtung. Wohin ziehen wir Kinder? Wovon weg ziehen wir sie? Erwachsene geben das Niveau vor, auf das sie meinen, Kinder heben und ziehen zu müssen. Sie geben die Richtung, die Art und Weise, die Zeitspanne, die Institutionen vor, in denen gezogen wird. Und die Mittel der Erziehung waren über die Jahrhunderte hinweg nie zimperlich (vgl. de Mause, 1989).

Das hat sich auch noch in unserem Jahrhundert – trotz Reformpädagogik und antiautoritärer Protestbewegung – in Elternhaus, Kindergarten und Schule nicht grundsätzlich geändert.

Ist Erziehung von vornherein Wegziehen von Leben mit Anpassung an Entfremdung, Verlust von Nähe, Verzicht auf unmittelbares, sinnhaftes Lernen durch Erleben? Müssen Kinder in diesem Sinne überhaupt erzogen werden? Die Reformbestrebungen der Kindergartenarbeit, wie sie sich in den letzten zwanzig Jahren im Situationsorientierten Ansatz, im Offenen Kindergarten und in anderen pädagogischen Konzepten niederschlagen, versuchen dem gegenzusteuern (vgl. Krenz, 1991; Wieland, 1991).

Auch in dem vorliegenden Buch wollen wir immer wieder zu der kritischen Frage anregen, *wieviel Erziehung Kinder und wieviel Lenkung Mitarbeiter und wieviel Beratung Eltern brauchen, um ihr eigenes Leben zur eigenen Zufriedenheit im Einklang mit ihrem Umfeld zu leben.*

2.6 Die Bedeutung von Wertschätzen und warmherzigem Zugewandtsein

Der besondere Wert *emotionaler Wärme und Wertschätzung* für die stabile Persönlichkeitsentwicklung von Menschen ist seit den Forschungsarbeiten der Psychotherapeuten *C. Rogers* in USA und *Tausch und Tausch* in Deutschland vielfach dokumentiert worden. Die letztgenannten haben in ihren Untersuchungen bestätigt gefunden, daß zwar ein hohes Maß an Gängelung und Fremdbestimmung die Entfaltung der eigenen Kräfte behindert, daß aber der simple Fortfall von Gängelung noch lange keine Bereicherung, keine echte Beziehung, keine Förderung der persönlichen Möglichkeiten darstellt, wie in dem *Lewin'schen Beispiel* des laissez-faire nachzuvollziehen ist.

Das Ausmaß der gegenseitigen Wertschätzung, der Achtung und warmherzigen Zugewandtheit ist vielmehr entscheidend für Gedeihen und Belastbarkeit zwischenmenschlicher Beziehungen und für die Entwicklung jedes einzelnen Menschen (Rogers, 1979; Tausch und Tausch, 1968).

Das sind die Faktoren, die auch im Erziehungs- und Führungsprozeß eine optimale Entfaltung der Geführten ermöglichen.

In der *Gesundheitspsychologie*, in der Streßprävention, in Untersuchungen über das Immunsystem, über Krebserkrankungen und Herzinfarktpatienten – in nahezu allen Bereichen der medizinischen und psychologischen Forschung kommt man derzeit zu den gleichen Beobachtungen:

„Wir beginnen gerade erst die Mechanismen zu verstehen, welche die emotionale und physische Gesundheit miteinander verbinden – sicher scheint schon heute, daß ein Gefühl der Geborgenheit und ein Mindestmaß an Zuwendung die besten Voraussetzungen für eine gute Gesundheit und eine hohe Lebenserwartung sind. Menschen, die in einer psychosozialen Umwelt aufwachsen, die ihr Selbstbewußtsein stärkt, sind gesünder, widerstandsfähiger, intelligenter und glücklicher und leben deshalb auch länger" (Sagan, 1988).

Selbst handelnd, in einem Klima freundlicher Zugewandtheit, mit Ermutigung und Unterstützung, dem eigenen Tempo und Entwicklungsstand gemäß, die eigenen Möglichkeiten im Austausch mit anderen Menschen nutzend und ständig durch Erfahrung erweiternd, so entwickelt sich der Mensch zu einem selbstbewußten, belastbaren, verantwortungsbereiten Mitglied seiner Bezugsgruppe.

2.7 Auf der Suche nach demokratischen Modellen

Demokratisches Zusammenleben, das heißt den anderen als gleichwertig gelten lassen, ihn einbeziehen und sich selbst in das Zusammenleben einbringen. Diese Gesellschaftsform scheint die besten Voraussetzungen für die Verwirklichung

all jener Bedürfnisse zu bieten, die dem Menschen gemäß
und gedeihlich sind.

Unser Gesellschaftssystem bezeichnet sich als demokratisch. Das soll nicht nur heißen, daß das Volk seine Vertreter
wählt und damit an deren Entscheidungen mitbeteiligt ist,
also mitbestimmt und mitregiert und sein eigenes Leben
mitregelt; das soll auch heißen, daß demokratische
Grundsätze im Zusammenleben gelten, die jedem
Gleichrangigkeit und Selbstbestimmung in Freiheitlichkeit
einräumen, zumindest in einem Maße, das die gleichen
Rechte der vielen Mitmenschen respektiert.

Wie diese Ziele umgesetzt werden (ob sie überhaupt umgesetzt werden können in Mammut-Gesellschaften, wie sie
heutige Nationen darstellen), steht auf einem anderen Blatt.

Demokratisches Miteinanderleben ist nicht angeboren. Es
ist eine Form geselligen Lebens, das nach Regeln abläuft,
welche im Laufe des Sozialisationsprozesses von jedem einzelnen Gruppenmitglied gelernt werden müssen, durch Lernen am Modell, durch Bekräftigungslernen, durch Ausprobieren und Üben von Kindesbeinen an.

Elternhaus, Schule, Arbeitsplatz, Politik und Verwaltung,
Wirtschaftsunternehmen und Medien – wo in unserer Gesellschaft finden unsere Kinder Modelle für demokratisches
Zusammenleben? Sollte sich dieses hehre Gruppenziel als
„dröhnendes Erz oder eine lärmende Pauke" (1. Kor. 13,1)
erweisen?

Auch wenn es an dieser Stelle hochgegriffen sein mag: der
Kindergarten könnte ein solches Lernfeld sein für Demokratie, für Mitbestimmung, Eigenständigkeit und Verantwortlichkeit gegenüber dem Mitmenschen. Das Erzieherinnen-Team könnte Modell sein für befriedigendes Miteinanderleben. Und der Umgang zwischen Träger und Kindergarten, zwischen Elternhaus und Tagesstätte, zwischen Kindergarten und Schule – Modell für warmherzige Zugewandtheit, für Ermutigung von Eigenverantwortung, für Anerkennung und wohltuende Gemeinschaft miteinander.

Anforderungen an ein Arbeitsteam

*Eine Gruppe ist erst dann ein Team, wenn sie nicht nur zu-
sammen arbeitet, sondern auch wirklich zusammenarbeitet.*

3.1 Menschenmenge – Gruppe – Team

Merkmale eines Teams

Eine Menschenmenge – mehrere Personen zur gleichen Zeit
am gleichen Ort versammelt – ist nicht von vornherein eine
Gruppe, geschweige denn ein Team. Sie kann eine gewisse
Zeit zusammenbleiben, kann auseinandergehen, sich erneut
zusammenfinden, ohne je Gruppe oder Team zu werden.
Worin liegt der Unterschied?

Das Hauptmerkmal einer Gruppe ist ihre Struktur, die
Ordnung, die sie bildet. Die einfachste Gruppenstruktur ist
die Gliederung in „Anführer" und „Gefolgschaft", in
„oben" und „unten". Jede Menschenmenge kann jederzeit
eine solche Struktur entwickeln und damit zur Gruppe werden. Darin liegt die eigentliche Kulturleistung des Menschen, wie der Sozialpsychologe *Hofstätter* es formuliert
(1957), daß er nach Bedarf Gruppen bilden und wieder auf-
lösen kann und in Gemeinschaft mit anderen Menschen alle
persönlichen Bedürfnisse und Anforderungen eines Men-
schenlebens bewältigen kann.

Wir-Gefühl und Rangplätze

Eine Gruppe ist mit ihrer klaren Ordnung und Aufgabentei-
lung bei der Bewältigung von Problemen jedem noch so her-

vorragenden einzelnen Mitglied überlegen. Kraft und Aufwand werden auf viele Schultern verteilt, die Lösungsbeiträge dagegen durch gegenseitige Anregung optimiert und so koordiniert, daß nicht einer dem anderen behindernd auf die Füße tritt. *Eine derart koordinierte, auf ein Ziel hin zusammenarbeitende Gruppe wird als Team bezeichnet.*

Eine Gruppe bildet sich auch ohne bewußte Steuerung, und zwar durch das Erleben von Gemeinsamkeit. Sobald eine beliebige Menschenansammlung ein gemeinsames Ziel vor Augen hat, sobald sie sich durch gemeinsame Not, aber auch durch gemeinsam erlebte Freude, Wut, Ohnmacht, Erregung verbunden fühlt, verändern sich die zwischenmenschlichen Distanzen. Ein Gefühl der Nähe und Gemeinsamkeit entsteht; zu anderen, die sich ihrerseits mit Gleichgesinnten zusammenschließen, entsteht Distanz. In den Augen der Erstgenannten sind es nun „die da", und in dem Maße, in dem Vertrautheit zwischen „uns hier" wächst, kann Feindseligkeit gegen „die da" ansteigen.

Sobald sich eine Gruppe gebildet hat, entwickelt sich eine Struktur der wechselseitigen Beziehungen. Rangplätze werden ausgehandelt, im wörtlichen Sinn. Dabei ist das „Ein-Führer-alle-anderen-folgen-Modell" eher die Ausnahme. Meist sind es (auch in kleinen Gruppen) zwei oder mehrere Personen, die eine Art Führungsgremium bilden, die einander beraten und ergänzen. Bei Kindern im Bandenalter finden sich sogar Anordnungen, in denen fast alle Mitglieder zum Führungsgremium gehören und nur ein, zwei Gefolgsleute herumkommandiert werden. Sobald diese nicht mehr mitspielen, zerfällt die ganze Bande, weil aus der Führung niemand in niedere Ränge absteigen will.

Im Kindergarten kann man gelegentlich mehrere Anführer in Imponiergehabe herumstolzieren sehen, die gezielt rangniedrigere Kinder anwerben. „Willst du bei uns mitmachen? Dann wärst du wohl ein Späher, und wenn wir hier lang kämen, müßtest du wohl immer sagen …"

Besteht eine Gruppe über längere Zeit, bilden sich auch in der Gefolgschaft noch Rangabstufungen, zum Beispiel nach Fähigkeiten (Spezialistentum), Geschlecht oder Alter geordnet. Jedes Gruppenmitglied findet auf diese Weise einen festen Platz in der Gruppe, der ihm Bedeutung und Schutz vor Vereinsamung gewährt. Auch das unbedeutende Mauerblümchen findet in seiner Rolle am Rande der Gruppe noch eine Genugtuung, ist sie doch allemal befriedigender, als nirgendwo dazuzugehören.

Rangplätze sind recht stabil und können nicht ohne weiteres gewechselt werden. Wer einmal Praktikantin in einem Kindergarten war, kann erst in die Leitungsposition aufsteigen, nachdem sie einige Lehr- und Wanderjahre in anderen Einrichtungen verbracht hat, also halbfremd wieder zur Gruppe zurückkehrt. Daraus ergibt sich auch manches Problem für Leiterinnen, die aus dem Mitarbeiterteam aufgestiegen sind und nun Mühe haben, in der Führungsposition anerkannt zu werden.

Eine feste Ordnung trägt ganz entscheidend zum Zusammenhalt der Gruppe bei. Ganz neue Strukturen können sich herausbilden, sobald die Situation, die Aufgabe oder die personelle Zusammensetzung der Gruppe sich ändern. Wenn in Grippezeiten zehn von 25 Kindern aus einer Kindergartengruppe fehlen, kann die Gruppenstruktur dennoch so erhalten sein, daß man nur den Eindruck hat, es sei heute etwas leiser als sonst. Dagegen kann die ganze Gruppe durcheinander geraten, wenn die beiden Anführer fehlen. Rangkämpfe um die freien Positionen, Aufmüpfen der Prügelknaben, ganz neue Spielbündnisse können sich innerhalb weniger Stunden entwickeln. Gleiches kann man von einem Elternabend zum anderen beobachten, wenn die Hauptwortführer fehlen – auf einmal ist ein heiß umkämpftes Thema belanglos, sind neue Allianzen möglich, und das Kindergartenteam fragt sich, wieso ihm vor einem so harmlosen Elternabend so bange war.

Die Führungsposition als Gruppenposition

Eine führerlose Gruppe bleibt keinesfalls ein ziel- und kopfloser Haufen. Sie löst sich entweder rasch auf oder bildet zielstrebig eine neue Struktur, wobei aus der Gruppe selbst ein neuer Anführer aufsteigt oder von außen jemand die Leitung übernimmt. Das gelingt jedoch nur, wenn die Gruppe den neuen Anführer akzeptiert; nur mit enormem Druck können sich nicht-akzeptierte Führer eine Zeitlang halten. Diese Eigendynamik macht deutlich, daß auch die Führungsposition eine Gruppenposition ist; wenn die Mitarbeiterinnen die Leiterin nicht akzeptieren, hat sie lediglich auf dem Papier diese Rolle inne.

Führen läßt sich nur, wo andere sich führen lassen.

Jede Gruppe ist demnach für ihre Führung mitverantwortlich, wie auch jede Führungskraft für den Zustand, die Leistung und das Klima in ihrer Gruppe mitverantwortlich ist. „Wie der Herr, so's Gscherr" läßt sich genauso umdrehen: eine lustlose, desinteressierte Gruppe, die ihre Anführerin behindert, sollte sich über mangelnde Führung nicht beklagen. Wo Leiterin und Mitarbeiterinnen sich als Wir-Gruppe empfinden und wissen, daß beide aufeinander angewiesen sind, um gute Arbeit zu leisten, kann die Arbeit auch gut werden.

3.2 Zusammenarbeit

Gruppenleistung und Konkurrenz

Ein Team ist aufgrund seiner Zielsetzung eine Arbeitsgruppe. Doch längst nicht jede Arbeitsgruppe ist ein Team. Teamarbeit setzt voraus, daß die Mitglieder nicht nur gleichzeitig am gleichen Ziel arbeiten, sondern daß sie auch wirklich zusammenarbeiten: jede einzelne stimmt Verlauf und Art ihrer Arbeit mit den anderen ab. Es geht also nicht nur um das gemeinsame Ziel, sondern auch um den gemeinsamen Weg dahin. Die Beiträge jedes einzelnen Gruppenmitgliedes müssen für die anderen erkennbar sein, müssen in die Gruppenleistung eingebracht, von den anderen auch akzeptiert und berücksichtigt werden, sofern sie der Erreichung des Gruppenzieles dienen.

Sechs hochbegabte und ehrgeizige Spezialisten tun sich wahrscheinlich viel schwerer damit, ein gutes Team zu bilden, als sechs durchschnittlich befähigte Mitarbeiter, die untereinander Informationen austauschen und sich gegenseitig teilhaben lassen am Voranschreiten des Arbeitsprozesses.

Nur dann wird die Gruppenleistung auch wirklich besser als die simple Addierung von allen Einzelleistungen.

An dieser Stelle mag manche Leserin stutzen: Sind wir in unserem Kindergarten nach dieser Definition überhaupt ein Team? Wurschtelt bei uns nicht jede mehr oder weniger vor sich hin, hinter geschlossener Gruppentür? Sprechen wir nicht von „meinen Eltern", „meiner Gruppe", „meinen Fensterbildern"? Wir haben wohl ein gemeinsames Ziel (oder?), aber über den gemeinsamen Weg dahin haben wir noch nicht so genau nachgedacht. Das macht bei uns jede für sich.

Teamarbeit setzt eine funktionierende Kommunikation voraus. Vom Informationsaustausch zwischen den Gruppenmitgliedern hängt ab, was die eine von der anderen mitbekommt, was sie übernehmen oder abgeben kann. Ideen bei anderen abstauben, die eigene Kreativität aber nur der eigenen Gruppe zukommen lassen, stranguliert Teamarbeit, genauso wie Neid, Mißgunst und Intrigen es tun.

„Nichts ist produktiver, nichts aber auch schwerer als Teamarbeit" (Management Wissen, 3/90) ist eine Erkenntnis, der viele zustimmen werden. Das ausgeprägte Selbstbestimmungsbedürfnis macht es Menschen schwer, mit anderen Hand-in-Hand zu arbeiten, die eigene Bedeutung und die der anderen für gleichwertig zu halten, sich weder vorzudrängen, noch drücken zu wollen, den eigenen Anteil an Ideen und harter Arbeit beizusteuern und sich des gemeinsamen Erfolges auch einzeln zu freuen.

In den großen Industrienationen spielt der Wettstreit (competition) in allen Bereichen des Zusammenlebens eine wichtige Rolle. Besser sein als andere, sich nicht unterkriegen lassen, Herausforderungen annehmen und andere ausstechen, das ist für viele Menschen der Motor ihres Daseins.

Teamarbeit ist das Gegenteil davon; doch wird sie weder in unseren Elternhäusern und Kindergärten gefördert, noch in unserem Schulsystem geübt oder bei der Bewertung beruflichen Fortkommens anerkannt. Eine Aufgabe allein bewältigt zu haben, gilt allemal als lobenswerter, als sie mit Hilfe anderer zu lösen.

Bei *Hofstätter* (1964) findet sich die Beschreibung eines

Experimentes, in dem Studenten immer dann besonders angestrengt, ausdauernd und auch mit gutem Ergebnis arbeiteten, wenn sie in unmittelbarer Nähe einen Kommilitonen an
der gleichen Aufgabe sitzen sahen. Waren sie nur sich selbst
überlassen, gingen sie viel weniger motiviert und langsamer
an das vorgelegte Material.

„Konkurrenz belebt das Geschäft" offenbar auch im
Denken.

Man braucht bei der Teamarbeit auf den belebenden Effekt der Konkurrenz nicht zu verzichten. Dazu muß sie innerhalb des Teams gering sein, wird nach außen gegenüber
anderen Gruppen aber bewußt als Ansporn eingesetzt (vgl.
das euphorisierende Wir-Gefühl bei Wettkämpfen).

Zu Teamarbeit werden Mitarbeiter nur bereit sein, wenn
auch der Teamerfolg allen zugute kommt. Das ist besonders
dort heikel, wo die Führungskraft aufgrund guter Leistung
ihrer Abteilung ausgezeichnet oder befördert wird, das übrige Team aber leer ausgeht.

Konkurriert wird offenbar immer. Es liegt im Führungsgeschick der Person an der Spitze, das Konkurrieren innerhalb des Teams geringzuhalten, Aufgaben so zu verteilen,
daß sich jedes Teammitglied sowohl manchmal zurückhalten, als auch manchmal hervortun kann. Das spart Arbeitskraft und Zeit und gibt dennoch jedem die Möglichkeit,
seine ganz besonderen Begabungen und Fähigkeiten beizusteuern (vgl. Kap. 5.3).

Zielorientiertes Arbeiten

Je deutlicher herausgestellt wird, was erreicht werden soll,
umso leichter läßt sich auf eine Gängelung in der Ausführung verzichten. Das Prinzip der „Zielorientiertheit"
beim Zusammenarbeiten setzt voraus, daß das Team sich auf
ein gemeinsames Ziel hin bewegt, dabei aber durchaus unterschiedliche Wege mit frei eingeteilter Zeit und eigenständigen Lösungen einschlagen kann. Nur der Rahmen und die
Arbeitsbedingungen werden vorgegeben oder in gemeinsamer Absprache vorher festgelegt. Dadurch bleibt den einzelnen Mitgliedern viel Freiraum für Initiative und Kreativität.

Beim zielorientierten Arbeiten müssen die Teammitglieder mitdenken und nicht einfach nur Befehle ausführen; sie werden zu flexiblem, situationsorientiertem Vorgehen ermutigt. „Viele Wege führen nach Rom", und viele ungeahnte Lösungsmöglichkeiten stecken in jeder Aufgabe.

Das Gegenteil von zielorientiert ist tätigkeitsorientiertes Arbeiten. Hierbei wird nicht auf das Ergebnis gesehen, sondern auf den Weg dorthin, der in vielen konkreten Unterschritten aufgezeigt wird. Anleitung versteht sich in diesem Fall als genaue Anweisung von Tätigkeiten, die möglichst genau abzuleisten sind. Von einem Schritt zum nächsten wird vorgegeben, abgehakt, erneut vorgegeben – eine intensive, kontrollierende Überwachung von Ausführungsbestimmungen, was sicherlich dort seine Berechtigung hat, wo man es mit gänzlich unerfahrenen oder geistig schwerfälligen Menschen zu tun hat. Das dürfte aber im Kindergarten-Team selten der Fall sein.

Je penibler der Tätigkeitsablauf vorgeschrieben wird, umso einfallsloser bleibt die Teamleistung, Eigeninitiative und schöpferisches Querdenken versiegen, wie schon die Ergebnisse der Lewin'schen Studien zeigen (vgl. Kap. 6.3 Tätigkeitsorientierte oder zielorientierte Anweisung?).

Vorgehen beim zielorientierten Arbeiten

Von den Teammitgliedern (die Leitungskraft eingeschlossen) erfordert zielorientiertes Vorgehen zunächst die Einigung auf das zu erreichende Ergebnis. Ist nicht allen klar, wohin der Weg gehen soll, so können sie auch nicht in die gleiche Richtung marschieren.

Danach kommt eine Phase des Planens und Lösungen-Suchens, die auch probierendes Handeln einschließt. Dabei zeigt sich, daß Teammitglieder recht unterschiedliche Arten zu denken und Probleme anzugehen haben, die aber allesamt zum Ziel führen können, von denen keine prinzipiell besser oder schlechter als andere sein muß. Es gibt die Theoretiker, die eine Lösung durch Abwägen verschiedener Möglichkeiten einkreisen. Es gibt Mitarbeitende, die gleich drauflos agieren und durch Versuch und Irrtum verschiedene Ideen ausprobieren. Wichtig für die Zusammenarbeit ist, daß jede den persönlichen Arbeitsstil der anderen akzeptiert und als grundsätzlich gleichwertig ansieht, solange er ernstgemeint und zielgerichtet ist.

In der dritten Phase kommt es darauf an, die verschiedenen Ideen zusammenzutragen und miteinander zu verbinden; oft ergeben sich erst aus der Kombination verschiedener Teilaspekte anspruchsvolle Lösungen. Ein etwas langweilig-braver Vorschlag der Kollegin A, mit dem witzigen Einwand der Kollegin B kombiniert, durchgeführt nach der bewährten Art der Kollegin C, diesmal ergänzt durch die chaotischen Einfälle der Kollegin Z, kann zu einem außergewöhnlich pfiffigen Ergebnis führen – kann auch völlig danebengehen. Doch dann läßt sich allemal aus dem Scheitern etwas lernen, und das sicher eindrucksvoller, als wenn düstere Prophezeiungen jede Initiative bereits im Vorfeld erstickt hätten.

3.3 Zusammengehörigkeitsgefühl

Je enger sich ein Mitglied einer Gruppe verbunden fühlt, umso mehr ist es auch bereit, sich für die Gruppe einzusetzen, was der Gruppenleistung zugute kommt. Gruppenzusammenhalt *(Kohäsion)* herbeizuführen wird daher in der modernen Management-Literatur als ein wesentliches Anliegen der kooperativ-integrativen Führung gefordert.

Drei Merkmale charakterisieren das Gefühl, zusammenzugehören:

1. die empfundene *Ähnlichkeit* der Mitglieder untereinander

2. ein gemeinsames *Ziel*, eine gemeinsame Aufgabe

3. gemeinsame *Erlebnisse* und Empfindungen, die Vertrautheit und Bindung fördern.

Ähnlichkeit

Wir-Gefühl läßt sich zunächst durch äußere Merkmale wecken, wie gemeinsamer Name, Fahnen, Vereinslieder, Uniformen, Sprachgewohnheiten. Mit den äußeren Erkennungszeichen setzt sich eine Gruppe von anderen Gruppen ab und stärkt das Zusammengehörigkeitsgefühl ihrer Mitglieder. „Unser Kindergarten" wäre in diesem Sinne etwas Besonderes für die Kinder, Eltern und Erzieherinnen. Man könnte einen besonderen Kindergarten-Stempel benutzen, ein Emblem, das auf jedem Schriftstück an die Eltern erscheint; ein Sticker, ein Schal, eine Kappe in den Kindergarten-Farben könnten auch von ferne sprachfrei signalisieren: „Da ist einer von uns!" Fan-Clubs sind da einfallsreiche Vorbilder.

Leider, wenn auch aus der Geschichte verständlich, haben wir Deutschen nach jahrzehntelangem Hurra-Patriotismus eine besondere Abneigung gegen jegliche Form von organisiertem Wir-Gefühl entwickelt, das wir schnell als „Vereinsmeierei" abtun. Das läßt uns im privaten wie beruflichen Leben heute so besonders spröde gegenüber Zugehörigkeitsgefühlen jeglicher Art reagieren. Andere Völker tun sich da viel leichter und scheuen sich nicht, ihren Kindergarten, ihre Schule, ihre Universität als Ort der Geborgenheit und Zugehörigkeit zu feiern.

Gemeinsame Ziele

Gemeinsame Ziele schweißen zusammen – allerdings nur, solange das Ziel vor Augen und der Weg dahin nicht allzu weit ist. Auch muß das Ziel realistisch sein und nicht allzu hoch gesteckt, damit man nicht bei den ersten Schwierigkeiten bereits entmutigt aufgibt. Der Mensch ist nicht beliebig lange für ein Ziel zu begeistern. Das zeigt sich in vielen spontan zusammengekommenen Aktionsgruppen, Bürgerinitiativen, auch in revolutionären Gruppen, die sehr eng und effektiv zusammenarbeiten, solange ein konkretes Ziel in greifbarer Nähe ist, die aber ermatten, sobald der Kampf zur Routine wird.

Ein gerade noch überschaubarer Zeitraum für Zielsetzungen ist ein vier- bis fünf-Jahres-Abschnitt (vgl. die Wahlperioden von Vorstandsvorsitzenden und Politikern). Mittelfristige und kurzfristige Ziele unterteilen diese Zeit und halten die Mitarbeitenden bei der Stange.

Daß der Mensch keinen allzu langen Atem hat, hängt mit seinen Biorhythmen und damit mit seinem Spannungsbogen zusammen (vgl. Kap. 9.2 Hier und jetzt – oder später). Da wir raschen Wechseln zwischen Spannung und Entspannung unterliegen, verfliegen auch die mit dem Ziel verknüpften Hoffnungen und Erwartungen relativ rasch. Wenn sie nicht immer wieder angefacht werden, so neigt der Mensch dazu, sich mit naheliegenderen Erfolgen zu begnügen und das große Ziel aus dem Auge zu verlieren. Der Spatz in der Hand ist den meisten tatsächlich viel lieber, als die Taube auf dem Dach.

Eine Gruppe über gemeinsame Zielsetzung zu motivieren, setzt voraus, daß man genügend kurzfristige und mittelfristige Aufgaben findet, deren Bewältigung Erfolgserlebnisse vermittelt und den Arbeitseifer in Gang hält.

Wer als Führungskraft primär über Leistungsziele motivieren will, muß auch selbst unermüdlich kreativ tätig sein, vorbildhaft engagiert und begeisterungsfähig – ein Anspruch, dem kaum jemand auf Dauer gewachsen ist. Ziele setzen, sie mit gemeinsamer Anstrengung erreichen, den Erfolg feiern und eine Phase des ruhigen Durchhängens zulassen; danach die Zügel wieder aufnehmen, ein neues Ziel stecken … Im Wechsel zwischen Spannung und Entspannung trägt zielorientiertes Arbeiten zum Gruppenzusammenhalt bei.

Gemeinsame Erlebnisse

Gemeinsame Erlebnisse fördern wahrscheinlich am wirkungsvollsten den Gruppenzusammenhalt. „Durch Dick und Dünn miteinander gehen", in guten wie in schlechten Tagen, sich zusammen freuen und zusammen trauern, über die gleichen Witze lachen können, sich über die gleichen Mißstände aufregen, das sind Merkmale, die Gruppenmitglieder miteinander vertraut werden lassen. Dazu muß Gelegenheit sein. Man muß Zeit haben zwischendurch, um ein bißchen plaudern, etwas albern sein, jammern oder gemeinsam ärgerlich werden zu können. Zwischen Tür und Angel, nur bei hastig abgespulter Mitarbeiterbesprechung lassen sich gemeinsame Gefühle nicht in Gang bringen. Kontakt schafft Sympathie. Eine Gruppe muß auch freie Zeit miteinander verbringen, um Gemeinsames erleben zu können (vgl. Kap. 6.2).

Hier wird ein einschneidender Mangel sichtbar, der sich aus Teilzeitarbeit, Schichtdienst und begrenzter Wochenstundenzahl ergibt: In vielen Kindergärten wird die bezahlte Arbeitszeit der Mitarbeitenden als reine Leistungszeit aufgefaßt; was die einzelnen durch gegenseitige Anteilnahme und Kontaktpflege zum Gruppenzusammenhalt beitragen, wird ihrer privaten Freizeit zugeordnet.

Eine Besonderheit des Zusammengehörigkeitsgefühls in Gruppen kann beobachtet werden, wenn eine Bedrohung von außen auftaucht. Dann steigt der Gruppenzusammenhalt sprunghaft an. Alle Streitigkeiten werden begraben, und die Gruppe macht sich einmütig daran, die äußere Gefahr abzuwehren. Das Wir-Gefühl kann sich zu einer regelrechten Wir-Euphorie steigern, wie es bei Ausbruch entsprechend propagierter Kriege auch in jüngster Zeit zu beobachten war.

Diesen Ablauf machen sich seit jeher politische Führer zunutze, die gerade in Zeiten großer innenpolitischer Schwierigkeiten eine äußere Krise provozieren, um die kritischen Potentiale innerhalb ihrer Gruppe umzuleiten. Kaum ist ein Feind in Sicht (das kann auch der politische Gegner im eigenen Lande sein, von dem angeblich Bedrohung ausgeht), so erscheinen alle innenpolitischen Probleme zweitrangig.

Daß die internen Schwierigkeiten nach Bewältigung der äußeren Bedrohung oft sogar noch größer sind als vorher, scheint diesen Ablauf nicht zu beeinflussen.

Ein Kindergartenteam kann dieses Phänomen in den eigenen Reihen beobachten, sobald Kürzungs- oder Schließungspläne im Gespräch sind, oder wenn Veränderungen in der Stellenbesetzung von außen angekündigt werden. Man mag noch so kritisch miteinander umgegangen sein – sobald von außen eine Veränderung droht, rücken die Mitglieder innen enger zusammen.

Aus einem ganz anderen Bereich ist dieser Ablauf vielen vertraut: beim Klatsch und Tratsch nämlich. Zusammen über Dritte herzuziehen, sich über das unmögliche Verhalten anderer gemeinsam aufzuregen, fördert das Zusammengehörigkeitsgefühl der Tratschenden. Das Lästern über „die da" hat einen festen Platz in Wir-Gruppen und muß nicht von vornherein als etwas Übles angesehen werden, solange es gutmütig und harmlos bleibt.

3.4 Gruppengröße und Hierarchie

Bavelas, ein Schüler *Lewins*, beobachtete einen engen Zusammenhang zwischen Gruppengröße, Leistung und Gruppenklima in Arbeitsgruppen, wie aus der folgenden Abbildung hervorgeht (Bavelas und Barrett, 1951):

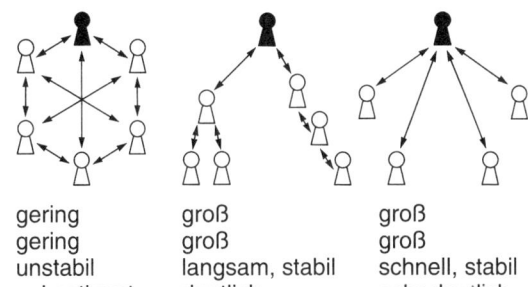

	Kreis	Kette	Stern
Arbeitstempo:	gering	groß	groß
Genauigkeit:	gering	groß	groß
Organisation:	unstabil	langsam, stabil	schnell, stabil
Führerrolle:	unbestimmt	deutlich	sehr deutlich
Zufriedenheit:	sehr groß	gering	sehr gering

Unterschiedliche Gruppenstrukturen

Diskussion:
Arbeitstempo und Menge der erzielten Arbeit sind in den beiden Anordnungen *Stern* und *Kette* am größten, doch die

Zufriedenheit, das Zusammengehörigkeitsgefühl innerhalb der Gruppe ist im *Kreis* eindeutig größer. Hier entwickeln sich auch Aktivitäten, die mit der eigentlichen Arbeit nichts zu tun haben. Diese Gruppe hält auch nach Vollendung der gestellten Aufgabe zusammen.

Wichtig für das Gefühl, gleichrangig zu sein, ist das Ausmaß, in dem ein Gruppenmitglied an Informationen beteiligt wird. Bescheid zu wissen, was läuft, ist für den Menschen in Gruppen ein besonderes Bedürfnis. Wer über welche Informationen verfügt, wer von wem etwas weiß, wie geheim die eigenen Kenntnisse sind, ist ein wichtiges Rang-Merkmal. In der Kreis-Anordnung wird Information zwar langwieriger, dafür aber für alle Mitglieder zugänglich weitergegeben. Jeder kann sich jede Information verschaffen, was die Zufriedenheit erhöht. Geheimniskrämerei, Cliquenbildung wird am häufigsten in schlecht zusammenarbeitenden Teams beklagt (vgl. Kap. 5.2).

Überträgt man das Ergebnis der *Bavelas*-Studie auf das Kindergarten-Team, das über mehrere Jahre hinweg auch dann gut zusammen auskommen soll, wenn keine konkrete Aufgabe anliegt, so spricht alles für die *Kreis-Anordnung*. Die läßt sich in kleineren Einrichtungen mit 6 bis 8 Kolleginnen gut verwirklichen, wodurch das Arbeitsklima eher freundschaftlich und frei von hierarchischem Gefälle ist. In größeren Einrichtungen mit mehr als 8 Mitarbeitenden findet sich unseren Beobachtungen nach am häufigsten ein Doppelkreis, d.h. die Erstkräfte bilden einen Kreis Gleichrangiger, und die Zweitkräfte schließen sich zu einem zweiten Kreis zusammen, der nicht immer über alle Informationen verfügt. Gegenüber dem Kreis der Gruppenleiterinnen ist dieser zweite Kreis zwar untergeordnet, doch solange die Zweitkräfte untereinander gleichrangig sind, ist ihre Zufriedenheit ebenfalls hoch.

In der Kreisanordnung ist nicht immer die gleiche Person Anführerin. Je nach Aufgabe kann einmal die eine Kollegin, einmal die andere die Leitung übernehmen, und das nicht nur für die Dauer einer Mitarbeiterbesprechung (vgl. Kap. 5.3 Wechselnde Arbeitsbereiche).

3.5 Der Wert eines guten Arbeitsklimas

Wenn man Gruppenleistungen nur vordergründig vom Ergebnis her betrachtet, könnte man gutes Arbeitsklima vernachlässigen, wie die *Lewin*-Experimente zeigen. Die Leistungen sind von der Menge und der Einheitlichkeit her durchaus besser, wenn straff geführt und nicht lange gefackelt wird. Das war lange Zeit üblicher Führungsstil in Beruf und Erziehung. Wo es auf eine bestimmte Leistungsmenge bei begrenzten Bedingungen und schnelles, präzises Handeln ankommt, mag ein autoritärer Führungsstil durchaus angebracht sein (bei einem Feuerwehreinsatz zum Beispiel).

Im Alltag jedoch ruft autoritärer Druck unterschiedliche Reaktionen hervor: Bei ängstlichen Menschen führt er zu Ausweichverhalten – „Getretener Quark wird breit, nicht stark!" stellte Goethe dazu fest. Bei Selbstbewußten erzeugt Druck Gegendruck, ihr Selbstbestimmungsbedürfnis duldet kein Kommandiertwerden auf Dauer. Jede Diktatur schürt Widerstand, an dem sie eines Tages scheitern wird. Leider führt diese Erkenntnis dazu, daß autoritäre Führer umso rigoroser gegen Kritiker vorgehen, solange sie noch an der Macht sind.

Aber nicht nur um die eigene Position zu halten, ist man von autoritärem Führungsstil auch in Wirtschaftsunternehmen abgerückt und zu *kooperativ-integrativer Führung* übergegangen. Ein Zusammenhang zwischen Arbeitsklima und Streß, Streß und Erkrankung, Zufriedenheit am Arbeitsplatz und Anzahl der Krankmeldungen läßt sich nachweisen. Wie wohl sich jemand an seinem Arbeitsplatz fühlt, wie der Zusammenhalt mit den Kollegen ist, wie sehr die eigene Leistung anerkannt und gefördert wird, das bestimmt zu einem entscheidenden Maß Gesundheit und Widerstandskraft der Berufstätigen, sowohl während der Arbeitszeit, als auch nach Feierabend, und ganz besonders gilt das für die Zeit des Ruhestandes.

Das Klima in der Arbeitsgruppe ist entscheidend für die Motivation des Arbeitenden, sich zu engagieren, seine Fähigkeiten voll einzusetzen. Diese Motivation macht die Qualität der pädagogischen Arbeit aus.

4

Anforderungen
an eine Führungskraft

„Wer höher steigt und größere Aufgaben bekommt, wird nicht freier; er wird nur immer verantwortlicher."

HERMANN HESSE

4.1 Allgemeine Voraussetzungen

Eine Leiterin ist Teil des Teams. Sie muß nicht aus dem Team hervorgegangen sein, aber sie muß als „Eine von uns" empfunden werden. Das Team muß sich mit ihr identifizieren können. Dazu muß der Abstand zwischen beiden gering sein. Man muß seine Leiterin beobachten, sich mit ihr in konkreten Situationen vergleichen können, um Ähnlichkeiten zu erkennen (Prinzip der offenen Büro-Tür). „Bereitschaft zur Selbstmitteilung", Echtheit und Offenheit fordert *C. Rogers* von pädagogischer Führung (Rogers, 1974). Dabei tut es dem Ansehen der Anführerin keinen Abbruch, wenn sie auch Schwächen zu erkennen gibt, Unzulänglichkeiten, Fehler. Sie ist eine von uns. Ihr passiert das auch.

Es wird aber erwartet, daß sie souverän damit umgeht. Sie soll Selbstbewußtsein und Stärke zeigen, aus ihren Fehlern zu neuen Lösungen finden (s. „eigenwilliges Selbstvertrauen", Kap. 4.2). Die Anführerin muß gerade so viel besser sein als die anderen, daß sie zu Recht den ersten Platz beansprucht. Das untenstehende Schema verdeutlicht den wirkungsvollen Abstand zwischen Anführer und Gefolgschaft. Erlebte Ähnlichkeit löst die Bereitschaft aus, sich mit der Vorgesetzten zu identifizieren; die beobachtete Überlegenheit in Teilbereichen spornt an, der Vorgesetzten nachzueifern, selbst auf die höhere Stufe zu kommen. Dieser Mechanismus beschränkt sich übrigens nicht nur auf das Verhältnis zwischen Anführer und Gefolgschaft, sondern läuft überall dort ab, wo durch Identifikation gelernt wird.

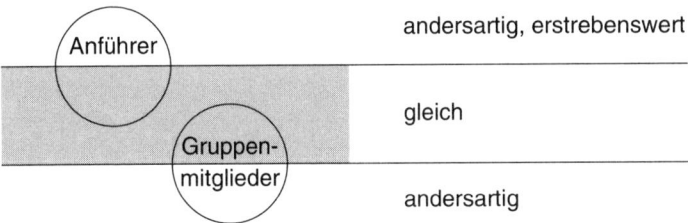

Abstand zwischen Anführer und Gefolgschaft

Ist die Leiterin in keiner Weise anders als die Mitarbeitenden, also nur auf der gleichen Ebene, wird ihr schnell der Führungsanspruch aberkannt. „Wieso hat sie über uns zu bestimmen, wenn sie auch nicht besser ist?"

Ist sie dagegen zu weit überlegen in Wesen und Handeln, so daß keine Ähnlichkeit mehr erlebt wird, kann sie von den Mitarbeitenden zwar schwärmerisch verehrt werden, wird aber nicht mehr konkret nachgeahmt. Sie ist abgehoben, nicht erreichbar: „So wie sie schaffen wir das nie!"

In beiden Fällen würde die Gruppe den Führungsplatz neu besetzen: mit einer kompetenteren Person im ersten Fall, zu der man etwas aufschauen, von der man sich mitziehen lassen kann; mit einer Ersatz-Anführerin im zweiten Fall, die mehr ein Mensch wie du und ich wäre.

4.2 Führungsqualitäten und Führungsaufgaben

Führungsaufgaben

Je höher eine Person in Führungspositionen aufsteigt, umso eher nehmen Spezialwissen und Spezialistentätigkeit an Bedeutung ab, umso mehr werden allgemeine Führungsaufgaben gefordert. Das geht aus dem Schema hervor:

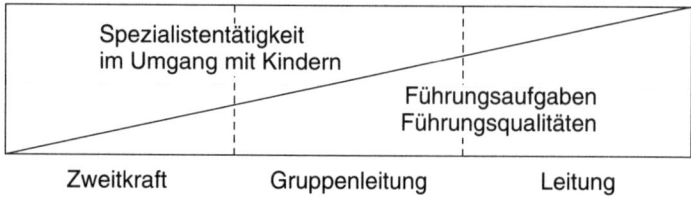

Position und Aufgabenverteilung

Zu den mit der Position zunehmenden Führungsaufgaben gehören:

a) Sachbezogene Aufgaben
● gemeinsame Ziele entwickeln und die Arbeit daraufhin planen;
● Beschaffen und Einsetzen von Mitteln und Arbeitskraft zur Erreichung der Ziele;
● die Einzelleistungen der Mitarbeitenden auf die gemeinsamen Ziele hin koordinieren, überwachen und bewerten.

b) Mitarbeiterbezogene Aufgaben
● Mitarbeiter finden, fördern und halten, mit denen sich die gemeinsamen Ziele erreichen und erweitern lassen;
● ein gedeihliches Arbeitsklima schaffen, d.h., den Gruppenzusammenhalt (Wir-Gefühl) fördern und Spaß am Zusammenarbeiten wecken;
● „Eine von uns" und zugleich Vorbild und Ansporn sein.

Führungseigenschaften

Was von Führungskräften erwartet wird, hängt natürlich auch von den besonderen Gegebenheiten der Organisation oder Gruppe ab, die zu leiten ist. Hier sollen zunächst die übergeordneten Eigenschaften besprochen werden, die eine Person als besonders für Führungsaufgaben geeignet erscheinen lassen, unabhängig von der Art der Gruppe, die sie anführt.

Nach *Hofstätter* (1957) sind es insbesonders *drei Merkmale*, die einen *guten Anführer* ausmachen:

a) Tüchtigkeit. Das ist die Fähigkeit und Bereitschaft, zur Gruppenarbeit beizutragen.

b) Eigenwilliges Selbstvertrauen. Das ist die Überzeugung vom eigenen Wert, der Glaube an die eigene Führungs-Mission.

c) Anpassung an die Gruppe. Das ist die Bereitschaft, sich den Regeln und Gepflogenheiten der Gruppe zu unterwerfen.

Zu a) Tüchtigkeit

Von Führungskräften wird erwartet, daß sie tatkräftig am Gruppenziel mitarbeiten und Ahnung haben von dem, was die Gruppe leisten soll. Müssen sie also immer vom Fach sein? In großen Betrieben mit verschiedenen Abteilungen kann die Person an der Spitze gar nicht in allen Sparten kompetent sein. Auch in größeren Kindergärten wird es Mitarbeitende geben, die mehr Spezialwissen, auffallendere Begabungen haben, als die Leiterin. Soll man das möglichst verhindern?

„Ich fahre auf jede Fortbildung, die ich bekommen kann", sagt Frau M., 46 Jahre alt, Leiterin seit 17 Jahren. „Trotzdem habe ich Angst, daß mich die jungen Kolleginnen nicht mehr für voll nehmen. Sie bringen schon von der Schule ganz andere Kenntnisse mit."

Eine Kollegin, freigestellte Leiterin seit einem Jahr, pflichtet ihr bei: „Am Wochenende nehme ich alles mit nach Haus und guck das durch, was die Kolleginnen an Neuem in der Woche gemacht haben. Ich muß doch wissen, was läuft."

„Seit ich Leiterin bin", klagt dagegen Schwester S., „muß ich mich um jeden Kleckerkram kümmern. Aber zu den richtig wichtigen Dingen komme ich gar nicht."

Tüchtigkeit gegen Beliebtheit?

Alle drei Leiterinnen nehmen es mit der Tüchtigkeit in ihrer Position sehr ernst. Sie wollen gut sein, anerkannt werden, sich keine Blöße geben. Doch mit der Tüchtigkeit einer Führungskraft hat es leider einen Haken: Wer besonders leistungsorientiert ist, selbst viel schafft und von anderen viel erwartet, ist in der Regel nicht sehr beliebt. Die Tüchtige mag respektiert und als Anführerin anerkannt sein, doch geliebt wird eher die Person, die lustig und locker ist und Fünfe gerade sein läßt.

Die beiden Pole *Leistung* einer Gruppe und *Arbeitsklima* sind schwer zu vereinbaren. In fast allen Gruppen – von der Familie mit Vater und Mutter angefangen, bis hin zu Staaten mit Kanzler und Präsident – finden sich daher zwei getrennte Führungspositionen (*Führungsdual, Hofstätter*, 1957). Eine ist für die Leistung der Gruppe zuständig und verkörpert die Tüchtigkeit, die andere pflegt den Gefühls- und Geselligkeitsbereich und damit das Gruppenklima.

Eine Gruppe, die sowohl zusammen arbeitet, als auch zusammen feiert, hält deutlich besser zusammen, als wenn nur das eine oder das andere gemeinsam erlebt wird.

Selten vereint eine Person beide Aspekte des Führungsverhaltens in sich. Die eine Leiterin wird mehr leistungsorientiert, dabei ernsthafter und zielstrebiger sein, die andere mehr gefühls- und geselligkeitsorientiert, verbunden mit einer eher lustigen, lockeren Wesensart. In fast jedem Team findet sich aber eine Mitarbeiterin, die die andere Seite der Führungspersönlichkeit verkörpert. Wenn man mit dieser Kollegin zusammen ein Führungsgremium bildet, kann das die Leiterin entlasten und für das ganze Team besonders effektiv sein: die eine ist für anstehende Aufgaben zuständig, leistungsorientiert, anspornend, fordernd und sammelnd; die andere ist Anlaufstelle für Sorgen und Nöte, gleicht aus, lockert Spannungen und fördert das gemeinsame Erleben.

Zu b) Das eigenwillige Selbstvertrauen

Wie ein Anführer die Unterstützung seiner Gruppe braucht, um wirkungsvoll zu sein, so muß die Person an der Spitze auch selbst davon überzeugt sein, am richtigen Platz zu stehen, das Vertrauen der Gruppe zu verdienen und für eine sinnvolle Sache voranzumarschieren. Zögernd und zaudernd, am eigenen Auftrag zweifelnd, einen Schritt vor, zwei zurück – ein derart unschlüssiges Verhalten verträgt sich nicht mit Anspornen und Zielstrebigkeit. Die Weltgeschichte ist reich an Beispielen, in denen fast verlorene Schlachten durch das beherzte Vorpreschen eines Anführers noch gewonnen wurden, und solchen, in denen Selbstzweifel und Depressionen eines Führers nicht nur sein persönliches Schicksal besiegelten, sondern auch seine Gefolgschaft ins Unglück stürzten.

Es ist relativ einfach, jemand anderem den Schwung zu nehmen. Hängende Mundwinkel und hängende Schultern, ein schlurfender Gang und die Bereitschaft, sich überall ächzend fallenzulassen, verbreiten in kurzer Zeit eine Stimmung, die sich wie Mehltau auf andere Gruppenmitglieder legt. Die gewünschte Alternative ist natürlich nicht eine künstliche Lebhaftigkeit. Nicht die äußere Form wirkt, sondern die Haltung, die innere Einstellung, die sich darin ausdrückt. Wo Begeisterung für die eigene Aufgabe und die Überzeugung, als richtige Kraft an wichtiger Stelle zu stehen, einer inneren Sicherheit entsprechen, geht von Menschen in Führungspositionen etwas aus, was andere anstecken und mitreißen kann und was auch aus mäßigen Einzelleistungen noch zu großen Ergebnissen führt.

Wie entwickelt sich diese *innere Sicherheit*, wie kann man sie gewinnen, wenn sie einem fehlt?

Sie hat zu tun mit Selbstbewußtsein, Lebensfreude und Spaß an der Herausforderung und wird schon in früher Kindheit durch Vorbild und Bekräftigung in Elternhaus und Kindergruppe entwickelt. Sich etwas zutrauen, auch eigene Fehler machen dürfen und wieder ausbügeln lernen, das stärkt das Selbstwertgefühl, wie im Kap. 2 dargelegt. Besonders betonen möchten wir, daß innere Sicherheit das Wissen um die eigenen Schwächen und Grenzen einschließt und dazu befähigt, ohne Schuldgefühle „nein" zu sagen, wenn man sich einer Aufgabe im Moment nicht gewachsen fühlt. Selbstsicher ist ja nicht die, die in naiver Selbstüberschätzung jede Verpflichtung übernimmt, oder diejenige, die sich für alles zuständig fühlt und bis zur totalen Erschöpfung für andere rackert. Abwägen, was man zu leisten imstande ist, Unterstützung bei anderen suchen und Hilfe annehmen können und die übernommene Aufgabe mit Interesse und Genugtuung zu Ende führen – das ist Ausdruck des eigenwilligen Selbstvertrauens.

In einer Untersuchung über die psychische Gesundheit und Entwicklungschancen von sozial benachteiligten Jugendlichen verglichen *Lösel u.a.* (1990) zwei große Gruppen Heranwachsender, die zwar unter vergleichbaren Umständen in

extrem belastendem Milieu aufgewachsen waren, die sich
aber hinsichtlich ihrer Lebensfreude, ihrer psychischen Gesundheit und ihrer sozialen Anpassung deutlich voneinander unterschieden. Was die selbstsicheren und sozial besser
angepaßten Jugendlichen von den schwer verhaltensgestör-
ten Gleichaltrigen aus gleichem Milieu unterschied, war „als
wichtigster Faktor ... das Vorhandensein einer stabilen Ver-
sorgungs- und Bezugsperson in der frühen Kindheit"
(S.108).

Auch aus Gesprächen mit Widerstandskämpfern gegen
den Nationalsozialismus geht hervor, daß die Mehrzahl dieser jungen Menschen Kraft und Mut für ihr gefahrvolles
Unternehmen schöpften aus dem Vorbild einer für sie wichtigen Person ihrer Kindheit – das war keineswegs immer jemand aus der eigenen Familie; oft waren es Lehrer, Nach-
barn, Freunde der Familie, die das Selbstbewußtsein der jungen Menschen stärkten durch Zuwendung, Ermutigung und
liebevollen Zuspruch – und zwar lange vor der politischen
Aktivität der Befragten. Nicht für unser heutiges Handeln
brauchen wir jedesmal wieder Rückenstärkung; es scheint
für ein ganzes Leben auszureichen, was wir in unserer Kindheit und Jugend an warmherziger Unterstützung erfahren
haben.

Wer beim Lesen dieser Zeilen mit Kummer darüber nach-
sinnt, daß derartiger Zuspruch und Wohlwollen in der eigenen Kindheit gefehlt haben, möge sich mit dem Gedanken
trösten: Jede kann allemal von jetzt an der Mensch sein,
der Kindern und Jugendlichen Lebensmut gibt, der sie mit
Zuwendung und Vertrauen unterstützt. Für die eigenen
Kinder, für die anvertrauten Kinder im Kindergarten und in
der Nachbarschaft, für Nichten und Neffen kann jede die
Bezugsperson sein, die das Selbstbewußtsein der Heranwachsenden stärkt, an die sie später mit Wärme zurückden-
ken.

Eine Gruppe anführen, Verantwortung übernehmen, ohne
den anderen alles aus der Hand zu nehmen, auch das läßt
sich im Kindergarten täglich üben. „Ich wär' jetzt wohl der
Jäger, und du wärst wohl der Hund, und ich müßte jetzt

wohl sagen ..." – „Nee, ich wär' wohl auch ein Jäger, und wir würden wohl beide sagen ..." – „Ja, ist gut, dann wär' ich wohl der Oberjäger, und ich hätte hier wohl meinen Wald ..." Reihum zu bestimmen haben, für sich selbst zuständig sein, beharrlich seine Ziele verfolgen, Neues als Herausforderung ansehen und Freunde haben, die sich freuen, wenn man morgens zur Tür hereinkommt, das fördert Selbstvertrauen und innere Sicherheit.

Wir können gar nicht eindringlich genug auf den Wert dieser Art von Kindergarten-Erziehung hinweisen, die so ungleich viel wichtiger für das Leben unserer Kinder ist, als das geprickelte Bild, das gebastelte Osterkörbchen, das im Chor geschmetterte Lied: Kindergartenzeit kann für jedes einzelne Kind die Phase sein, in der es Selbstsicherheit, Zutrauen in die eigenen Fähigkeiten, Freundschaft und Wärme erfährt, wovon es ein Leben lang zehren kann.

Zu c) Anpassung an die Gruppe

Auf *Merei* (1949) geht ein Experiment über Führungsverhalten von Kindern zurück, dessen Ergebnis wir in einer Kindergruppe selbst beobachten konnten:

Fünf Kinder spielen zusammen in der Bauecke. Der gleichaltrige Max kommt hinzu, will mitspielen und gleich das Kommando übernehmen: „Au ja, ich spiel' mit, los, gib mal her!" Die Kinder wehren sich: „Wir sind schon so viele!" – „Nein, laß, du weißt nicht, wie das geht!" Max hält inne. Er steht am Rande des Bauteppichs und sieht eine Weile zu. Immer mal wieder greift er einen Bauklotz, ein Spielzeug auf, reicht es den anderen hin. Sie achten zunächst nicht auf ihn. Max hockt sich an den Rand der Spielgruppe, jetzt auf gleicher Körperhöhe mit den anderen Kindern, reicht Teile an, hält einen wackligen Turm, bietet sich schweigend als Zuarbeiter an. Schließlich gibt er erneut Anweisungen, sagt aber jetzt genau das, was die Kinder ohnehin tun: „Ja, du mußt jetzt hier einen Stein drauftun. Oder – (das andere Kind nimmt den Stein wieder weg) – nee, nimm ihn lieber wieder weg. So. Hmhm." Ein anderes Kind schiebt einen Wagen mit Klötzen heran. Max: „Ja, schieb hier mal den Wagen ran, das ist gut. Den können wir gut gebrauchen." Als ein Kind von einem Bein auf's andere hüpfend verkündet, es müsse mal Pipi, sagt Max freundlich: „Ja, geh mal eben aufs Klo. Ich warte auf dich mit'm Bauen."

Und ehe eine Viertelstunde um ist, ist Max der Anführer der Baukolonne.

Dieses Beispiel zeigt ein typisches Führungsverhalten, das zunächst paradox klingt: Wer bestimmen will, muß sich bis ins Detail und weit mehr als jedes einfache Gruppenmitglied die Regeln und Besonderheiten der Grupe zu eigen machen. „Der erste Diener seines Staates" sein, wie große Staatsmänner ihre Rolle definieren, das ist erste Führer-Pflicht. Peinlich genau die Gruppennormen erfüllen, in jeder Hinsicht verkörpern, was sich die Gruppe zum Ziel gesetzt hat, das wird vom Anführer erwartet.

Keinem Gruppenmitglied wird eine Nachlässigkeit so scharf angekreidet, wie dem Anführer. Wer dermaleinst König eines Landes werden will, muß schon zu Thronfolgezeiten eine neutrale Makellosigkeit zeigen, sonst taugt er in den Augen des Volkes zu dieser Aufgabe nicht; einem Priester, der sich nicht selbst gewissenhaft an die Gebote hält, die er predigt, verübelt die Gemeinde Abweichungen mehr, als einem einfachen Gläubigen.

Fehler machen, Fehlentscheidungen treffen, sich ungeschickt anstellen – das wird einer Führungskraft nicht verübelt. Aber sich selbst nicht an das halten, was sie von anderen erwartet, das disqualifiziert nachhaltig. Dadurch wird Akzeptanz brüchig, wird Gefolgschaft schließlich verweigert. Das ist zum Beispiel ein Prinzip japanischer Führungsstrategie: Der Vorgesetzte erfüllt alle Anforderungen, die er an seine Gruppe stellt, selbst in höchstem Maße. Er bleibt abends länger als die Mitarbeitenden in der Firma, geht kürzer als alle anderen in Urlaub und kann dadurch mit moralischem Recht Gleiches von seinem Team erwarten (und erhält es auch, wie die japanische Arbeitsmoral zeigt).

Unter diesem Aspekt ist es schon erstaunlich, wie laut unsere politischen Führer derzeit jammern, daß es ihnen an Akzeptanz im Volk fehlt – sie erwarten Selbstdisziplin, Einschränkungen, Opfer von ihren Wählern, während sie ihre Führungspositionen zum eigenen Vorteil ausnutzen, wie es keinem an der Basis auch nur ansatzweise zustünde.

Anpassung an die Gruppe ist das alte Prinzip des Führens durch Vorleben, wobei bewußt das vorgelebt wird, was die Gruppe sich als Norm gesetzt hat.

4.3 Streßresistenz und psychische Widerstandskraft

Was eine Person, an die sich viele unterschiedliche Erwartungen richten, sicher braucht, ist die Fähigkeit, Spannungen auszuhalten. Die Leiterin ist ja Ziel von Projektionen und Hoffnungen und muß zwangsläufig einen Teil der Erwartungen enttäuschen, gleichgültig, wie sie handelt. Es ist dies die eigentliche Belastung der Führungsposition, daß immer jemand unzufrieden sein wird mit den getroffenen Entscheidungen. In der griechischen Tragödie charakterisiert dieser Zwiespalt den tragischen Helden, der, zu einer Entscheidung zwischen zwei gleich wichtigen Alternativen gedrängt, immer scheitern muß.

Da ist es nötig, einen festen Bezugspunkt, eine Arbeits- und Lebensphilosophie zu haben, die es erlaubt, sich selbst gut zu finden, auch wenn die Anerkennung der anderen vorübergehend ausbleibt. Das ist sicher für diejenigen besonders schwer, die sich überwiegend durch Leistung definieren. Wer von klein an gelernt hat, daß nur Leistung zählt, daß Anerkennung und Zuwendung nur dem sicher sind, der etwas Sinnvolles schafft, der kann bei Niederlagen und Mißerfolgen in tiefe Krisen geraten. Depressionen gehen mit Versagensängsten einher, und der Entzug von Anerkennung kann bei erfolgsorientierten Menschen ernste Depressionen auslösen.

Ohne anspruchsvolle Arbeit ist das Leben für die meisten von uns nicht erstrebenswert. Doch auch die anspruchsvollste Arbeit kann nicht für das ganze Leben, kann nicht anstelle eines ganzen Lebens stehen. Je mehr uns diese Arbeit bedeutet, je mehr sie unseren Lebensmittelpunkt bildet, umso ängstlicher werden wir reagieren, wenn sie in Frage gestellt wird. Ängstliche Sorge aber ist eine schlechte Voraussetzung für ein offenes Ohr, für Anregungen und Kritik, für flexibles, ungewöhnliches Denken. Wer Kritik fürchtet, wird immer starrer, enger, beklommener, und das ist das Ende einer souveränen Führung.

Wie wird man mit Kritik fertig? Mir sagte einmal ein amerikanischer Kollege: „Ärgere dich nicht über die Schwierigkeiten, die du im Moment hast. Vielleicht ist genau dieses

Problem nächstes Jahr in den Schlagzeilen der psychologischen Literatur, und dann hast du darin schon persönliche Erfahrungen!"

Ob man seine Lebenszuversicht aus solchem *Positiven Denken* (vgl. hierzu Wolf und Merkle, 1985) schöpft oder aus anderen Quellen, ist wahrscheinlich kaum von Bedeutung. Wichtig ist, daß man ein gehöriges Maß davon für die Leitungsposition mitbringt.

Mit einigen Ergebnissen der *Streßforschung* wollen wir dieses Kapitel abschließen:

Der Mensch ist nicht etwa zu Müßiggang und Gemächlichkeit geschaffen; er braucht für eine optimale Leistungsfähigkeit ein gewisses Maß an Herausforderung und Streß. Wird der Organismus nicht gefordert, so erlahmen alle biologischen Funktionen und nehmen an Kraft, Elastizität und Belastbarkeit ab, bis man vor lauter Schonung kaum noch lebensfähig ist.

Wer die täglichen Belastungen auf einem mittleren Niveau halten kann und auf seine körpereigenen Signale achtet, die das wechselnde Bedürfnis nach Spannung und Entspannung, nach Aktivität und Erholung anzeigen, lebt wesentlich zufriedener und gesünder. Das heißt, daß man trotz aller Rücksicht auf die Mitmenschen und den Berufsalltag versuchen soll, zu verwirklichen, was einem selbst guttut, wonach einem ist, wie man seinen persönlichen Bedarf an Nähe und Distanz, an Anregung und Ruhe befriedigen kann – und sich nicht ständig zwingt, verstellt, anderen zuliebe die eigenen Bedürfnisse leugnet (vgl. Kap. 9.3).

Wir möchten einen Gedanken ans Ende dieses Kapitels stellen, der einmal Kern eines unserer Seminare über Streßverarbeitung war:

„Ich bin der einzige Mensch, der mich von klein an kennt und mich bis an mein Lebensende begleiten wird. Ich bin schon durch dick und dünn mit mir gegangen, habe Höhen und Tiefen mit mir geteilt; wer hat so viel Verständnis für meine Bedürfnisse und Wünsche, kennt meine Fähigkeiten und meine Grenzen wie ich? Ich bin mein vertrautester und treuester Lebensgefährte – sollte ich nicht liebevoller mit mir umgehen und alles dafür tun, daß ich mir möglichst lange erhalten bleibe?"

Teil 2:
Praktische Führungsaufgaben im Kindergarten

5 Aufgaben der Kindergarten-Leitung

Eine Leiterin ist nicht für alles zuständig, aber für das, was alle angeht.

5.1 Ziele und Pläne

Zielsetzung tut not

Als wichtigste Führungsaufgaben, unabhängig von der Art der Einrichtung und der besonderen Position einer Führungskraft, gelten „Zielsetzung, Planen und Entscheiden".

Das ist den meisten Erzieherinnen aus der Ausbildung vertraut, lernen sie doch, Pläne für ihre Gruppenarbeit zu erstellen, die die Woche, den Monat, die Zeit zwischen den Saisonfesten oft sehr genau einteilen und die Arbeit für Eltern, Kinder und sich selbst auf lange Sicht überschaubar machen. Doch nicht jede Planung ist hilfreich.

Ziele und Pläne können auch Initiative lähmen, die Mitarbeitenden gängeln und kontrollieren, wenn zu kleinlich vorgezeichnet wird, was bis wann und von wem wie genau getan werden soll.

Positive Aspekte von Zielsetzung sind:
● Ziele geben den eigenen Standpunkt wieder. Das ist zur Selbstdarstellung nach innen und außen wichtig.
● Sie geben die Richtung vor, die gemeinsam eingeschlagen werden soll. Das ist bei Team-Arbeit unverzichtbar.
● Sie lösen Lust auf Handeln aus, wenn sie praxisnah formuliert und erreichbar sind.

● Sie fördern Ausdauer und Durchhaltevermögen bei auftretenden Schwierigkeiten.

Ziele müssen überprüfbar sein und wandelbar; sie stellen
keine feste Marge dar, sondern einen Prozeß, an dem sich die
konkrete Arbeit orientieren kann, der aber selbst auch immer wieder zu überprüfen und gegebenenfalls abzuändern
ist. Konsequent an einem einmal gefaßten Ziel festzuhalten,
komme was wolle, ist weniger ein Zeichen von Führungs-
stärke, als wenn man ein Ziel beharrlich verfolgt und es korrigieren oder aufgeben kann, wenn es sich als Irrweg herausgestellt hat.

Zielhierarchie

Es empfiehlt sich, Ziele zu unterteilen in langfristige (solche,
die über Jahre gelten), mittelfristige (etwa über ein Kindergartenjahr) und kurzfristige (etwa für den nächsten Monat).
Jede Stufe leitet sich von der darüberliegenden ab, so daß sowohl die tägliche Kindergartenarbeit als auch die über das
ganze Jahr hin geplante von den übergeordneten pädagogischen Zielen der Einrichtung bestimmt werden.

Beispiel:
Gehört zu den übergeordneten Zielen „Erziehung zu Eigenständigkeit", so könnten sich daraus die mittelfristigen Ziele:
● selbständiges Zurechtfinden in der Einrichtung,
● selbstgewählte Spiele und Material,
● selbstgewählte Spielpartner,
● Mitbestimmen und Mitentscheiden
ableiten. Für die Kindergartenwoche (kurzfristige Ziele) bedeutet das,
ein Kind zu ermutigen, die verschiedenen Räume der Einrichtung
zu benutzen, unterschiedliche Materialien zu erproben, eigene Spiel-
formen und -partnerschaften zu wählen und sich an Diskussionen
und Mitsprache bei Planungen und Entscheidungen zu beteiligen.
    Dazu müssen als begleitende Maßnahmen Gruppenräume
geöffnet, Zeit freigegeben, kindliche Meinungsbildung angeregt und
in der Umsetzung berücksichtigt werden.

a) Langfristige Ziele – Gesamtkonzeption
Je größer der Zeitraum, den eine Planung umfaßt, umso all-
gemeiner müssen die Ziele gehalten sein. Das gilt besonders

für die Konzeption der Einrichtung, die den Eltern bei der
Aufnahme ihres Kindes vorgestellt wird, die aber auch
Grundlage des Arbeitsvertrages zwischen Träger und Erzieherinnen ist und der Selbstdarstellung der Einrichtung nach
außen dient.

Sie stellt eine Einigung auf eine gemeinsame Grundauffas-
sung dar: „So arbeiten wir", heißt das auf seiten der Einrichtung, „so soll mein Kind hier erzogen werden", heißt es auf
seiten der Eltern.

Die Konzeption sollte die Erwartungen aller am Kindergarten Beteiligten berücksichtigen; daher sollten Eltern,
Mitarbeitende (inklusive Putzfrauen!), Träger und Kinder
dazu Anregungen geben können. Da aber das Kindergarten-
gesamtkonzept in erster Linie die pädagogischen Ziele der
Einrichtung darstellt, kann es keine organisatorischen Details enthalten, auch keine Einzelwünsche oder besonderen
Situationen, die nicht von Dauer oder nicht auf alle über-
tragbar sind. Es ist etwa der Verfassung eines Staates ver-
gleichbar, in der allgemeine Grundsätze und Leitlinien festgehalten sind, zu der die einzelnen Gesetze dann die Ausführungsbestimmungen geben.

Regeln werden je nach Bedarf gesondert aufgestellt und
denen mitgeteilt, die davon betroffen sind, etwa ob ein Kind
Frühstücksbrot mitbringen soll oder vom Kindergarten gestellt bekommt; ob Zähne gemeinsam geputzt werden oder
nicht; wann Gummistiefel und wann Hausschuhe getragen
werden etc. Regeln stellen ja keine Ziele dar, sondern lediglich eine Art „Gebrauchsanweisung für den Kindergarten",
und zwar für diesen speziellen Kindergarten. Sie können
sich auch bei gleicher Gesamtkonzeption durchaus vom
Nachbarkindergarten unterscheiden. Wo Regeln aber zum
Selbstzweck werden und keinen Zusammenhang zum for-
mulierten Gesamtkonzept erkennen lassen, behindern sie
die Arbeit, anstelle sie zu erleichtern.

b) Mittelfristige Ziele

Die mittelfristigen Ziele im Kindergarten beziehen sich vor
allem auf Aktionen, die in einem Kindergartenjahr geplant
sind. Das schließt konkrete Vorhaben in der Ausstattung
oder bauliche und personelle Veränderungen sowie Zusam-

menarbeit mit Eltern und anderen Institutionen und besondere Unternehmungen ein. Mittelfristige Ziele werden direkt vom Konzept abgeleitet. Sie ergeben sich aus der Frage: „Was brauchen wir, um die langfristigen Ziele zu verwirklichen?" Wie viele Mitarbeitende, wie viele Arbeitsstunden, wieviel Elternmitarbeit, wieviel und welches Material, welche Zusammenarbeit mit anderen Gremien, Betrieben, Einrichtungen brauchen wir, um die gesteckten Ziele zu verfolgen? Welche Erfahrungen und Erlebnismöglichkeiten brauchen die Kinder, um sich entsprechend unserer Zielsetzung zu entwickeln? Wer kann unterstützen, helfen, fördern?

Demgegenüber stehen die realen Möglichkeiten finanzieller, personeller, räumlicher Art, die diese Einrichtung zur Verfügung hat. Läßt sich mit den hier vorhandenen Mitteln eine Zielsetzung, wie sie im Konzept steht, überhaupt verwirklichen? Müssen Ziele gestrichen werden, weil die Bedingungen sie nicht zulassen? Oder können die Bedingungen verbessert werden, um die gesteckten Ziele zu erreichen?

Das sind Überlegungen und Entscheidungen, die in die Kompetenz der Leiterin gehören; sie ist diejenige, die Fortentwicklung planen und in Gang setzen muß, Forderungen stellt und weiterleitet, Neuerungen anregt. Das heißt aber nicht, daß sie auch alles allein ausführen muß. Die Mitarbeitenden, der Träger und die Eltern können viel dazu beitragen, die vorhandenen Bedingungen zu verbessern. Dabei gilt es, zwischen zu hohen Erwartungen und zu geringen Ansprüchen das richtige Maß zu finden. Eine Leiterin, die nichts von anderen erwartet, mag bequem sein – erfolgreich im Sinne ihrer Zielsetzung ist sie nicht. Wenn sie dagegen die Ziele zu hoch steckt, sich und andere überlastet, wird sie auch scheitern. Insgesamt ist es jedoch besser, etwas mehr zu erwarten, als zunächst realistisch erscheint, denn die Umgebung neigt immer zum Bremsen, sei es aus finanzieller Sparsamkeit, sei es, um die eigenen Kräfte zu schonen.

„Man muß zu weit gehen, um zu sehen, wie weit man gehen kann", sagte der Politiker Herbert Wehner.

Aus einer Gegenüberstellung von Ist-Zustand und Soll-Zustand ergibt sich, was im kommenden Jahr vom Kindergarten geleistet werden kann. Steht zum Beispiel Elternzusammenarbeit im Konzept, sind aber für Elternabende weder Arbeitsstunden noch Finanzmittel vorhanden, so können im nächsten Jahr keine Elternabende durchgeführt werden. Wird sich in absehbarer Zeit die Lage nicht ändern, muß der Passus „Elternzusammenarbeit" aus dem Konzept gestrichen werden. Seufzend all das unentgeltlich und in der eigenen Freizeit durchzuführen, was zwar als Kindergarten-Ziel formuliert wurde, wofür aber keine Mittel vorhanden sind, hieße, sich selbst in den Rücken zu fallen. Wer sollte dann noch ein Interesse daran haben, die Bedingungen zu verbessern?

Es empfiehlt sich, für das Erstellen und regelmäßige Überprüfen des Gesamtkonzeptes sowie das Formulieren der mittelfristigen Ziele für das kommende Jahr zwei Bilanztage am Ende eines Kindergartenjahres einzuplanen, möglichst an einem erfreulichen Ort außerhalb des Kindergartens, der Entspannung und Einkehr anregt. An diesen Tagen soll das bislang Erreichte reflektiert werden, damit sich das Team am gemeinsamen Erfolg auch freuen kann und Motivation für die Weiterarbeit daraus schöpft. Auch die Zusammenarbeit und Beziehungen im Team kommen an diesen Tagen zur Sprache; gruppendynamische Übungen – am wirkungsvollsten unter Anleitung einer Supervisorin – haben sich als hilfreich erwiesen, bestehende Konflikte zu bearbeiten und das Zusammengehörigkeitsgefühl des Teams zu stärken.

Natürlich muß man auch damit rechnen, daß bei dieser Gelegenheit verdeckte Spannungen offen aufbrechen; doch zugedeckt und verborgen sind sie nicht minder wirksam und belasten das Team ohnehin.

c) Kurzfristige Ziele
Auch die Arbeit der Woche, des laufenden Monats wird vom Gesamtkonzept abgeleitet. Ohne diesen Bezug kann sich Kindergartenarbeit in reinem Aktivismus erschöpfen. Die Meinungen gehen hier weit auseinander, wieviel Durchgeplantheit und wieviel Freiheit Kindergartenarbeit im einzelnen braucht.

Wir beiden Autorinnen wollen kein Hehl daraus machen, daß wir meinen, in vielen Kindergärten wird viel zu viel verplant an Zeit, Aktivität, Raum und Ideen und viel zu wenig darüber nachgedacht, ob diese Aktivitäten denn wirklich mit den übergeordneten Zielen der Erziehung in Zusammenhang stehen.

Das Leben, auf das Kinder vorbereitet werden sollen (wenn sie das laut Konzept sollen), hängt doch nicht von der Fähigkeit ab, mit einer Nadel Löcher in eine vorgezeichnete Figur zu stechen, es sei denn, das Kind sollte Weltmeister im Prickeln werden. Aber selbständig sein, der eigenen Pfiffigkeit vertrauen, Umwegverhalten üben und seine eigenen Fehler ausbügeln lernen – wenn ein Kind diese Fähigkeiten im Kindergarten üben kann, hat es viel fürs Leben mitgenommen. Auch Prickeln kann solche Erfahrungen vermitteln. Doch am besten lernen Kinder im freigestalteten Spiel mit anderen Kindern, in Alltagsstreit und Alltagsfreude, im selbstbestimmten Umgang mit Material, Zeit und Raum, was sie für ein erfülltes Leben brauchen.

5.2 Entscheidungen treffen und vertreten

Auch wenn die Mitarbeitenden, die Eltern und der Träger an der Zielfindung beteiligt sind, der Leiterin bleibt überlassen, die getroffenen Entscheidungen durchzusetzen, die Mitarbeitenden dafür zu aktivieren, kritische Stimmen aufzufangen und – wie bereits dargelegt – frohgemut voranzumarschieren. Ein gewisses Maß an Sturheit und innerer Konsequenz erleichtert diese Arbeit sehr. Sich nicht irremachen zu lassen von Kritik, sich auf die demokratische Mehrheit zu berufen, aber notfalls auch ganz allein etwas durchzufechten, das sollte eine Führungskraft sich zutrauen. Je weiter man aufsteigt in die Spitze einer Einrichtung, umso einsamer wird es, und umso schärfer weht einem Kritik entgegen.

„Alle haben dieser Entscheidung zugestimmt, doch sobald sie umgesetzt werden soll, stehe ich allein da!"

„Mitbestimmen ja, aber mitausführen nein!"

In diese Klagen wird manche Leiterin einstimmen können.

Unangenehme Entscheidungen durchzusetzen erfordert Beharrungsvermögen und die Fähigkeit, Spannungen auszuhalten, zumal eine Leiterin im Kindergarten kaum über Sanktionen verfügt, mit denen sie anhaltendem Widerstand begegnen kann. Sie ist darauf angewiesen, ihre Mitarbeiterinnen zu überzeugen, auch zu überreden, Kompromisse zu schließen und auf die persönliche Bindung zu bauen, die zwischen ihnen besteht. Nicht Disziplinieren kann die Methode und das Ziel kooperativer Führung sein, sondern Sicheinigen mit den Mitteln, die unter weitgehend Ranggleichen in Gruppen üblich sind.

Macchiavelli, der große Manager-Berater des Mittelalters, war der Überzeugung, jedes Mittel sei recht, um die Zwecke des Führers durchzusetzen. Da es in der Art des Menschen läge, Schrecken schnell zu vergessen, Gutes dagegen lange im Gedächtnis zu behalten, sollte ein Führer Unliebsames rasch, auf einen Schlag und in aller Härte ausführen. Die guten Taten jedoch sollten wohl dosiert über einen langen Zeitraum verteilt werden, damit die Gefolgschaft sich lange und dankbar an sie erinnere.

Auch wenn macchiavellische Gedanken mit demokratischen Prinzipien kaum zu verbinden sind, könnte eine Leiterin doch den Rat beherzigen, nötige Entscheidungen rasch und beherzt zu treffen, besonders wenn sie für die Mitarbeitenden schmerzlich sind; auch darf sie sich nicht scheuen, bei krassen Regelverletzungen deutlich und energisch einzugreifen, soll ihr die Führung nicht entgleiten.

Bei den meisten Entscheidungen jedoch wird die Leiterin versuchen, die Zustimmung der Mehrheit durch Diskutieren und Erörtern herbeizuführen. „Ausdiskutieren" bezeichnet einen Einigungsprozeß, der bei vielen sogenannten Naturvölkern praktiziert wird: Es wird im Kreis der Anführer so lange über ein Problem geredet, bis jeder Teilnehmende der gemeinsamen Entscheidung zustimmt (was aus autoritärdiktatorischer Sicht geringschätzig als „Palaver" abgetan wird). Nach dieser Einigung sind jeder Diskussionsteilnehmer und die, die er vertritt, verpflichtet, sich auch an die getroffene Entscheidung zu halten.

Der Mensch ist ein Rede-Wesen. Er klärt seine Gedanken sprachlich und erprobt Konfliktlösungen durch sprachliches Durchdenken. Wer nicht gelernt hat, mit freundlich Zuhörenden über Belangloses zu plaudern, wird schwerlich in einer Krise über tief verborgene Probleme sprechen können.

Meinung bildet sich langsam, durch Zuhören, Nachdenken und eigenes Reden, wobei letzteres am wirkungsvollsten ist.

Eine geschickte Leiterin wird daher immer versuchen, die Mitarbeitenden zum Reden über anliegende Probleme zu bewegen: Was hältst du davon? Was spricht deiner Ansicht nach dafür, was dagegen? Da am Schluß solcher Erörterungen eine Entscheidung ansteht, sollte man nicht beim „Was spricht dagegen?" stehenbleiben, sondern mit der Überlegung enden: „Unter welchen Umständen, in welcher Weise können wir das Besprochene für unsere Ziele nützen?"

5.3 Definition der Aufgabenbereiche für Mitarbeitende

Aufgabenbereiche sind nicht losgelöst von der Art der Einrichtung zu betrachten. Feste Gruppen erfordern ein anderes Arbeiten, als der „Offene Kindergarten", so daß auch die Rollen der Mitarbeiterinnen eng mit der Zielsetzung der Einrichtung verknüpft sind.

Feste Kompetenz-Bereiche

Für die meisten Menschen ist es am befriedigendsten, wenn sie einen festen Arbeitsbereich haben, für den sie zuständig sind und in dem sie gewisse Handlungsfreiheit und Entscheidungsbefugnisse haben und der über einen längeren Zeitraum zu durchplanen ist. Das wird seit einiger Zeit als sogenanntes *frontline management* in Wirtschaftsbetrieben berücksichtigt, wo man auch der Arbeitskolonne am Fließband eine weitgehende Autonomie im Arbeitsprozeß einräumt, die die Arbeit effektiver, verschleißärmer macht und die Motivation der Beschäftigten erhöht.

Im Regelkindergarten stellen die Gruppen eigenständige Kompetenzbereiche dar, in denen allerdings nur die Erstkräfte eine zufriedenstellende Selbständigkeit haben. Zweitkräfte und Praktikantinnen äußern sich unzufrieden darüber, daß sie stark weisungsabhängig und zu wenig mit eigenständigen Aufgaben betraut sind. Besonders oft wird kritisiert, daß sie zwar die gleiche Arbeit leisten wie Gruppenleiterinnen, jedoch weder an der Information, noch an Entscheidungen gleichrangig beteiligt werden. Es ist Aufgabe der Leiterin, wie in Kap. 3.4 dargestellt, ein zu steiles Gefälle innerhalb des Teams durch gleichmäßige Verteilung von Rechten und Pflichten abzubauen.

Fachbereiche

Für die meisten Erzieherinnen bestehen auch bei besonderem Engagement kaum Aufstiegschancen in ihrem Beruf. Zum einen kommen Zweitkräfte, wenn sie Kinderpflegerin sind, auch bei bester Eignung nicht weiter, da Gruppenleitung nach Ausbildung und nicht nach Fähigkeit zu besetzen ist. Zum anderen hat auch die Gruppenleiterin bei einer einzigen Führungsposition innerhalb des eigenen Kindergartens keine Aufstiegschancen. Ein Wechsel in andere Einrichtungen ist aus familiären Gründen oft nicht möglich, und attraktive Stellen für berufserfahrene Erzieherinnen außerhalb des Kindergartens gibt es so gut wie gar nicht.

So bleibt die innere Differenzierung als Anreiz für besonderes Engagement der Mitarbeitenden: sie werden ermutigt, zu ihrer Gruppentätigkeit besondere Spezialkenntnisse auf gruppenübergreifenden Gebieten zu erwerben. Wir denken dabei an eine fundierte Zusatzausbildung mit dem Ziel, sich zur Fachfrau für bestimmte Spezialaufgaben weiterzubilden. Eine solche Zusatzqualifikation muß nicht (aber kann!) mit einem anerkannten Zertifikat oder einem geschützten Titel abschließen; eine engagierte Erzieherin kann sich aus eigener Initiative in Gesprächsführung, in Supervision oder thera-

peutischen Verfahren für Verhaltensauffälligkeiten fortbil-
den, wodurch sie in ihrer Einrichtung etwa den Fachbereich
„Eltern-Zusammenarbeit", „Beratung und Konfliktmanage-
ment", „Praktikantenausbildung" übernehmen kann. Mit einer derart erweiterten Kompetenz können sich die Kindergärten untereinander durch Austausch von Referentinnen
für Elternabende, für Teamfortbildung, für Konfliktgespräche unterstützen. Selbstverständlich wird Referentin-
nentätigkeit in anderen Kindergärten gesondert abgerech-
net, so daß hier auch ein finanzieller Anreiz für die einzelne
Mitarbeiterin bestehen kann.

Für jede Mitarbeiterin kann nach Neigung und Kapazität
der Einrichtung ein individueller Fortbildungsplan erstellt
werden, der etwa zwei bis drei Jahre umfaßt und die fundierte Zusatzausbildung im gewählten Bereich zum Ziel hat.
So langfristig geplant, verlieren die Kursbelegungen auch
ihren eher willkürlichen Charakter.

Jahr	Termin	Thema	Ort	Arb.Tage
1993	5.–8.5. 12/19/26 Juni Sept.	Gesprächsführg. I Rhetorik Kommunikation	LWH VHS Noh ?	Lg. 4 Bldg.Url.
1994	März 8/9.7. Okt/Nov	Gesprächsführg. II WOende Alleinerzieh. TZI Grundkurs	LWH Lg. KEB Juist Uni D'dorf	4 1 Urlaub?

Individueller Fortbildungsplan für „Elternzusammenarbeit"

Wechselnde Arbeitsbereiche

Räume, Aufgaben und Zuständigkeiten lassen sich auch tur-
nusmäßig übernehmen und abgeben; das ist sicherlich in der
Arbeitsweise des „Offenen Kindergartens" leichter einzu-
richten, wo die Kinder nicht einer bestimmten Erzieherin
zugeordnet sind. Der Grundgedanke dahinter ist, daß alle

Kolleginnen im Prinzip die gleichen Fähigkeiten und Kompetenzen haben und gleichrangig sind, und daß jede sowohl die Mühen, als auch die Annehmlichkeiten jeder Position umschichtig übernimmt (also auch Leitungsaufgaben). Das erfordert genaue Absprachen, genaues Einhalten der vereinbarten Regeln, gleiches Engagement auch bei unliebsamer Arbeit, was offenbar der heikelste Punkt ist.

Bei Stellenrotation werden die besonderen Begabungen und Stärken einzelner Mitarbeiterinnen nicht immer ausgeschöpft. Sowohl das Einarbeiten in eine neue Aufgabe erfordert Zeit, als auch das Straffen und Umgestalten eines Arbeitsbereiches den eigenen Fähigkeiten entsprechend. Bei Stellenrotation sollte eine Position mindestens für ein Kindergartenjahr übernommen werden.

5.4 Auswahl, Beurteilung und Förderung von Mitarbeitenden

Auswahl von Mitarbeitenden

Nicht immer hat die Leiterin einer Einrichtung Einfluß auf die Auswahl oder Weiterbeschäftigung ihrer Mitarbeiterinnen. Wird in das bestehende Team eine neue Kollegin mehr oder weniger hineingezwängt, kann das das Gruppenklima anhaltend belasten (vgl. Gruppenkohäsion). Trotz vorliegender Stellenbeschreibungen kann es dem Träger oder der Leiterin schwerfallen, allein zu beurteilen, ob die neue Kollegin „paßt" oder nicht. Wenn dagegen das ganze Team in die Entscheidung mit einbezogen wird und man sich gegenseitig in einer zwei- bis dreitägigen „Schnupperzeit" kennenlernen kann, kommt es am wenigsten zu Spannungen zwischen neuen und alten Mitarbeitenden. Die tarifrechtlich verankerte Probezeit wird davon nicht betroffen.

Da die Zusammenarbeit im Kindergarten nur möglich ist, wenn alle Mitarbeitenden in den grundsätzlichen Fragen der pädagogischen Konzeption übereinstimmen und wirklich im gleichen Sinne erziehen, so hängt eine Entscheidung über

Neueinstellungen oder Weiterbeschäftigung einer Kollegin unmittelbar von ihrer Bereitschaft zur Teamarbeit und zum Mitarbeiten am Gesamtkonzept ab. Schulzeugnisse sagen darüber in der Regel wenig aus; manche Erzieherin entwickelt ihre besonderen Begabungen auch erst in einem guten Arbeitsklima. Deshalb sollte man nicht alles von Zeugnissen abhängig machen, sondern die Teamfähigkeit im Arbeitsalltag prüfen. Lustlosigkeit einer Neuhinzugekommenen, mangelnde Kooperationsbereitschaft, Trägheit des Geistes und der Gefühle können die Arbeit mit den Kindern und das Klima im Team nachhaltig lähmen.

Beurteilung von Mitarbeitenden

Spätestens, wenn die Kollegin die Einrichtung verläßt, ist von der Leiterin ein Zeugnis über die Mitarbeiterin zu erstellen. Es empfiehlt sich, in die teaminterne Personalakte einer jeden Mitarbeiterin am Ende des Kindergartenjahres eine Beurteilung ihrer Arbeit aufzunehmen. (Hiermit ist nicht die allgemeine Personalakte gemeint, die beim Arbeitgeber geführt wird. Beurteilungen über die Zusammenarbeit im Team sind nicht Gegenstand der Erörterung mit dem Träger, solange keine besonderen Gründe dafür vorliegen!) Da jeder Kollegin Einsicht in ihre eigene Akte zu gewähren ist, und da in einem Zeugnis ohnehin nur positive Anteile der Arbeit erwähnt werden, ist es naheliegend, die Eintragungen offen mit den Mitarbeitenden zu besprechen.

Während der „Bilanztage" am Ende des Kindergartenjahres (Kap. 5.1) läßt sich eine routinemäßige Beurteilung der Mitarbeitenden am leichtesten erstellen. Bei freundlichwohlwollender Gruppenatmosphäre sollte das ganze Team einbezogen werden. Jede Mitarbeiterin beurteilt dabei die positiven Fähigkeiten jeder anderen Kollegin, und zwar sowohl die fachlichen als auch die persönlichen Qualitäten. Über die Schwächen kann selbstverständlich auch gesprochen werden, sie werden aber nicht schriftlich festgehalten.

Man erreicht damit zum einen, daß die Beurteilung der einzelnen nicht allein vom Eindruck und Wohlwollen der Leiterin abhängt, zum anderen, daß nicht erst kurz vor einer anstehenden Kündigung ein langer Zeitraum bewertet werden muß, und zum dritten bietet die positive Rückschau auf das vergangene Kindergartenjahr die Grundlage einer wohlwollenden, ermutigenden Kritik und förderlichen weiteren Zusammenarbeit im Team.

Förderung von Mitarbeitenden

Hier sind der Leiterin enge Grenzen gesetzt. Verglichen mit Vorgesetzten in großen Betrieben, die finanzielle Prämien, Beförderung, Titel, Auslandsverwendungen, Firmenwagen und ähnliches als Anreiz für besonderes Engagement anbieten können, steht die Leiterin eines Kindergartens mit leeren Händen da. Fortbildung ist nahezu alles, was sie interessierten Kolleginnen ermöglichen kann.

Weder an finanzielle Zuwendung, noch an Freizeitausgleich ist in den meisten Kindergärten zu denken; noch immer wird unentgeltliches Engagement im sozialen Sektor als gegeben vorausgesetzt. Hier muß die Leiterin aufklären, oft sogar Einhalt gebieten und die Kolleginnen zu Solidarität verpflichten, daß sich nicht einzelne ehrenamtlich verausgaben und die Interessen des gesamten Berufsstandes untergraben. Durch berufspolitische Arbeit, aber auch durch Mitarbeit in politischen Gremien vor Ort kann die Leiterin die Gesamtbedingungen von Kindergartenarbeit verbessern helfen.

Die Chancen, die in der Fortbildung liegen, werden unseres Erachtens noch längst nicht ausgeschöpft. *Nicht neue Fingerspiele tun not, neue Konzepte braucht der Kindergarten in einer sich dramatisch ändernden Gesellschaft*, in der die Lebensbedingungen von Kindern sich ebenso drastisch mitverändern durch Migration und kulturelle Vermischung, durch Raum- und Zeitnot im Alltag, Bindungsunsicherheit und wachsende Feindseligkeit auf breiter gesellschaftlicher Front. Veränderte Familienstrukturen erfordern ebenso wie veränderte Schulbedingungen eine Reaktion des Kindergartens, will er dem Anspruch weiter genügen, eine integrative Arbeit in der Gesellschaft zu leisten und nicht Inselleben zu sein.

Immer wird Erziehung in dem Dilemma stehen, daß Erwachsene mit einer Ausbildung von gestern und Lebenserfahrung von heute Kinder für eine Welt von morgen vorbereiten sollen, von der sie selbst nur vage Vorstellungen haben und in der sie möglicherweise selbst nicht mehr zurechtkommen werden. Hier kommt der Fortbildung eine besondere Aufgabe zu. Solange die Ausbildung von Erzieherinnen nicht akademisch ist, sollte wenigstens die Fortbildung auf hohem Niveau sein und die Erzieherpersönlichkeit bilden im pädagogisch-psychologischen Bereich, in soziologischem und politischem Denken, durch Schulung von Gesundheitsbewußtsein und *self care*, durch eigene Lebensplanung und Konfliktbewältigung über den Kindergarten hinaus.

Öffentlichkeitsarbeit

Der Beruf der Kindergärtnerin findet noch immer nicht die Anerkennung in der Öffentlichkeit, die der Bedeutung dieser Arbeit für Eltern und Gesellschaft zukommt. Daß Kindergartenzeit zusammen mit den Erfahrungen aus der Familie den Grundstock für ein ganzes Leben legt, daß heute im Kindergarten mitentschieden wird darüber, wie in zwanzig Jahren Menschen miteinander umgehen, ist offenbar über verbale Anerkennung noch nicht hinausgekommen.

Nicht nur, aber auch beteiligt an der geringen Wertschätzung sind die Erzieherinnen selbst, die sich zu wenig um ihr Ansehen in der Öffentlichkeit Gedanken machen. Wer gut mit Kindern umgehen kann, gern mal hier und da auf Kleinere aufpaßt, ist „wie geboren zur Kindergärtnerin". Warum nicht zur Kinderärztin, zur Kinderpsychologin? Die Kluft zwischen akademischen und nicht-akademischen Frauenberufen ist groß. Die einen nette Mädchen, die anderen hochkarätige Karriere-Frauen.

Rein äußerlich scheinen viele Erzieherinnen dem Vorurteil recht zu geben. Tag und Nacht in Arbeitskleidung (Hose und Pulli), ob auf Elternabenden, beim Gemeindefest, beim Gespräch mit dem Träger, auf Fortbildung. Einfach, praktisch, fantasielos?

In der Selbsteinschätzung rangieren die Eigenschaften

„aktiv, lebhaft, gutgelaunt" weit vor allen anderen, wie wir in Fragebogenuntersuchungen feststellten; der Leiterin werden darüber hinaus noch etwas Nachdenklichkeit, Besonnenheit und Verantwortlichkeit zugeschrieben. Selbstbewußtsein, kämpferisches Potential oder besonders intellektuelle Fähigkeiten kommen im Selbstbild der Erzieherinnen gar nicht vor. Sie fühlen sich schon während der Ausbildung dazu angehalten, sich selbst beständig zurückzunehmen und hintanzustellen und in erster Linie für andere dazusein. Das entspricht einem Frauenbild, das die meisten von ihnen im Privatleben ablehnen. Doch sie erkennen nicht, wie sehr sie dieses Frauenbild mit ihrem eigenen Auftreten in der Öffentlichkeit buchstäblich verkörpern.

Uns fällt in der Zusammenarbeit mit Erzieherinnen immer wieder auf, wie leicht sie zu verunsichern sind durch Überlegenheit an Ausbildung, Sprachgewandtheit und Dreistigkeit. Viele fühlen sich besonders minderwertig gegenüber LehrerInnen, lassen sich von dominant auftretenden Vätern und Träger-Vertretern einschüchtern und von Elternbeiräten gängeln. Wie viele von ihnen aber tun aktiv etwas für ihr Selbstbewußtsein?

Diplome im Makramé, überspitzt gesagt, rangieren noch immer vor Professionalität im pädagogisch-psychologischen Bereich und vor der Stärkung der eigenen Persönlichkeit.

Ausbildung, Fortbildung und Gehalt von Erzieherinnen müssen der Bedeutung angepaßt werden, die Betreuung, Bildung und Förderung von Kindern im Kindergartenalter haben. Solche Anerkennung wird nicht freiwillig gewährt, sie muß von den Betroffenen selbst erstritten werden.

Vertretung der Interessen des Kindes

Die Erzieherin ist Lobbyistin für das Kind. Sie muß ein vitales Interesse daran haben, daß Kinder für wichtig gehalten werden; erst dann wird auch die mit ihnen und für sie verbrachte Zeit geschätzt und entsprechend honoriert. Da in einer Leistungsgesellschaft die meßbare, handgreifliche Leistung das Kriterium für Erfolg und Wert ist, befindet sich die Erzieherin in einem schwer zu lösenden Dilemma. Sie möchte zu Recht für ihre Arbeit einen Gegenwert erhalten, der sich auch materiell darstellt. Ihre Leistung selbst aber, die Erziehung, Betreuung und Bildung des Kindes, ist nicht mit Leistungskriterien zu messen und nachzuweisen. „Sie spielen ja nur!" Das sagen sogar die Mütter, die selbst darunter leiden, daß man ihre Hausarbeit und Kindererziehung nicht anerkennt.

Um dem zu begegnen, wird in manchen Kindergärten bergeweise Gebasteltes, Gemaltes, An-die-Wand-zu-Heftendes produziert; ob man damit Leistungsorientierte überzeugt, steht dahin.

Der Kindergarten soll in die Gesellschaft integriert sein und die gültigen Normen dieser Gesellschaft mitvertreten. Er muß aber in seiner Konzeption abwägen, wie diese Normen mit der gesunden Entwicklung des Kindergartenkindes zu vereinbaren sind und welche besonderen Normen für die Zeit der Kindheit gelten; die gilt es öffentlich darzustellen und zu verteidigen. Kindergarten ist nicht Eltern-Garten, nicht Träger-Garten, nicht Schul-Garten, wo Kinder auf die Erwartungen bestimmter Gesellschaftsgruppen zugeschnitten, geformt, ausgerichtet werden. Im Mittelpunkt der Kindergartenarbeit steht das Kind mit seinen Bedürfnissen, mit seinem besonderen Wesen, seiner ganz und gar anderen Art, das Leben zu meistern, als es die Erwachsenen-Gesellschaft tut. In dem Sinn ist Kindergartenarbeit Aufklärungsarbeit, PR-Arbeit für das Kind, für das Besondere an kleinen Menschen zwischen drei und sieben Jahren.

6 Kommunikation im Team

*„Wer sich vornimmt, Gutes zu wirken, darf nicht erwarten,
daß die Menschen ihm seinetwegen Steine aus dem Weg räu-
men, sondern muß auf das Schicksalhafte gefaßt sein, daß sie
ihm welche draufrollen."* ALBERT SCHWEITZER

6.1 Informationswege

Das Team braucht einen Raum oder eine Ecke im Kindergarten, die für zwanglose Treffen, Rückzug und gemeinsame
Besprechungen reserviert ist. Hier hat jede Mitarbeiterin ein
Fach für ihre Privatsachen und ein Postfach, über das sie zu
erreichen ist. In diesem Raum befinden sich auch das
„Schwarze Brett" (Pinnwand) für Informationen, die alle
angehen, wie die Fachzeitschriften und Gesetzestexte, die
die Kindergartenarbeit regeln (vgl. Kap. 8).

Informationen sollten für alle zugängig sein, ob sie sie
nutzen oder nicht. Es geht dabei weniger um den Inhalt, als
um das subjektive Gefühl, beteiligt und informiert zu werden, was den meisten Menschen wichtig ist. Alles was „unter
dem Siegel der Verschwiegenheit" mitgeteilt wird oder was
den Zusatz erhält: „Bitte machen Sie aber keinen Gebrauch
davon", kann das Gruppenklima empfindlich stören. Besonders die Leiterin ist zu einem souveränen Umgang mit Informationen verpflichtet; sie muß einerseits vertrauliche
Mitteilungen über Privatangelegenheiten hüten können, darf
andererseits mit niemandem innerhalb oder außerhalb der
Einrichtung geheimniskrämern.

Es wird von der Leiterin erwartet, daß sie bei Differenzen zwischen Außenstehenden und ihren Mitarbeiterinnen (Träger und Erzieherin, Eltern und Erzieherin) loyal zu ihren Kolleginnen hält und diesen den Rücken stärkt. Auch diese Erwartung bezieht sich mehr auf das Gefühl „sie hält zu uns", als auf konkrete Inhalte, über die man getrost unterschiedlicher Meinung sein kann.

Die Leiterin tut gut daran, sich ihrer Rolle als Rudelführerin immer wieder bewußt zu werden; sie steht in erster Linie ihrer Mitarbeiter-Gruppe vor, und erwartet wird folgerichtig: sie steht vor ihrer Gruppe, wenn diese bedroht wird. Auch wenn eine Leiterin formal ihrem Arbeitgeber zu Loyalität verpflichtet ist – emotional ist sie vor allem ihrem Team verpflichtet. Wenn das Team sich von ihr abwendet, hat sie nichts mehr zu leiten.

Die Loyalität der Leiterin zu ihrem Team, ihr Bemühen, zwischen den Mitarbeitenden einerseits und Kritik von außen andererseits zu vermitteln, hat dort Grenzen, wo die Kolleginnen selbst die Mitarbeit aufkündigen. Das ist im folgenden Beispiel der Fall:

Die Erzieherin Beate ist als Zweitkraft in einer Gruppe tätig. Ihre Stelle ist mit 32 Wochenstunden ausgestattet, Beate hat aber aus familiären Gründen in den letzten drei Jahren nur 28 Stunden pro Woche gearbeitet und nie am Frühdienst teilgenommen, was ihr intern zugestanden worden war. Die Fehlstunden wurden von den Kolleginnen mit übernommen. Durch Veränderung der Öffnungszeiten wird es nun aber nötig, daß Beate ihre volle Stundenzahl ableistet und an bestimmten Tagen ab 7 Uhr in der Einrichtung ist. Beate ist weder nach eingehender Diskussion im Team, noch nach zwei langen Gesprächen mit der Leiterin dazu bereit und beharrt auf ihrer Sonderregelung. Der Träger erwartet von der Leiterin, daß sie Beate zur Erfüllung der allgemeinen Arbeitsbedingungen veranlaßt.

Muß die Leiterin dem Träger gegenüber vor Beate stehen und deren besondere Arbeitsbedingungen verteidigen?

Nein. Die Verpflichtung zur Loyalität ist wechselseitig. In diesem Fall bekundet Beate durch ihre Weigerung, irgendeiner Kompromißlösung zuzustimmen und sich den veränderten Anforderungen des Kindergartens anzupassen, daß

sie aus dem Team ausschert und sich von der Vorgesetzten
nicht mehr leiten läßt.

6.2 Die Mitarbeiterinnenbesprechung

Die Mitarbeiterinnen brauchen Zeit füreinander zur Kontaktpflege. Diese Zeit muß nicht geplant und strukturiert
sein, sie muß nur übrig sein. Für die Organisation der Arbeit
aber ist geplante Zeit nötig. Zwischen Tür und Angel lassen
sich keine Ziele absprechen und Arbeiten verteilen.

Je nach Größe der Einrichtung reichen eine bis zwei Mit-
arbeiterinnenbesprechungen pro Woche aus, bei offener Arbeit wird eine tägliche Besprechung empfohlen, weil hier
auch Informationen über aktuelle Veränderungen an alle
weitergegeben werden müssen. Folgende Punkte sollen beachtet werden, um die Routinesitzung effektiv zu gestalten:

a) Die Tagesordnung der jeweils nächsten Sitzung ergibt sich
aus den Themen, die während der Woche auf einem Zettel
am „Schwarzen Brett" (s.o.) gesammelt werden. Auch die
Leiterin, bei der wahrscheinlich die meisten Themen eingehen werden, sollte alles, was sie besprechen will, auf diesem
Zettel ankündigen.

b) Die Leitung der Besprechung sowie das Protokoll wechseln von Sitzung zu Sitzung; damit wird nicht nur eine lästi-
ge Arbeit weitergereicht, die Mitarbeitenden üben im kleinen Kreis Leitungsaufgaben, was ihnen bei Elternabenden
und anderen Veranstaltungen zugute kommt.

c) Für das Protokoll empfiehlt sich ein festes Buch mit fort-
laufender Eintragung. So lassen sich Daten und Absprachen
besser zurückverfolgen, es geht nichts verloren. Das Buch
sollte für alle zum Nachschlagen erreichbar, für Außenste-
hende jedoch unzugänglich sein. Was zu erledigen ist, wird
mit Frist und dem Namen derer, die es erledigen soll, bezeichnet. Zu Beginn einer Sitzung wird zunächst der Stand

der Projekte besprochen, die bis zu diesem Tag bearbeitet werden sollten.

Datum: 1.2. Anwesend: Hei,Ve,Ka,Ul,Sig,Au,Re. Sim krank

Nr.	Thema	zu erledigen Name	bis
1.	Sommerfest Dieses Jahr kein Sommerfest wegen Ferienfahrt mit den Vorschulkindern. Heike gibt Elternbeirat Bescheid.	Hei	1.3.
2.	Karin beschwert sich über Unordnung in der Küche. Allgemeine Aussprache. Nochmal besprechen.	Ka	14.2.
3.	Ulrike fährt Freitag zur Deponie. Alle bis morgen Müll raussuchen.	Ul alle	4.2. 2.2.

Protokoll der Mitarbeiterbesprechung

Dauer und Struktur der Besprechung

Jedes Gespräch, das über persönliches Plaudern hinausgeht, sollte eine zeitliche Begrenzung haben, die vorher vereinbart wird. Wird keine Begrenzung vereinbart, setzt sich jeder selbst eine Grenze, die aber erheblich von der des Gesprächspartners abweichen kann. Während die eine schon ungeduldig auf die Uhr schaut, lehnt sich die andere vielleicht gerade genüßlich zurück und beginnt ein neues Thema. Je mehr Zeit zur Verfügung steht, umso umständlicher wird gearbeitet. Ohnehin kommt man erst kurz vor Ablauf der festgesetzten Zeit auf das Wesentliche zu sprechen, das ist bei zwanzig Minuten so, das ist bei drei Stunden so. Vor jedem Gespräch sollte daher besprochen werden, wieviel Zeit dafür zur Verfügung steht, und diese Zeit sollte möglichst eingehalten werden. Eine Zeitstunde (50–60 Minuten) hat sich auf vielen Gebieten als optimale Gesprächsdauer erwiesen; weniger als 30 Minuten reichen für Problemgespräche nicht aus, länger als 60 Minuten kann sich kaum jemand konzentrieren.

Auch ein Gespräch ist eine Gruppenleistung; es bedarf der Leitung (das heißt aber keinesfalls inhaltliche Lenkung!). Die erkennbare Struktur erleichtert es den Teilnehmenden, sich auf das einzustimmen, was kommt, und das am Ende im Gedächtnis zu behalten, was war.

Gesprächsgliederung:
● Begrüßung der Teilnehmenden
● Überblick über Inhalt und Zielsetzung
● Regeln oder organisatorische Fragen; zur Verfügung stehende Zeit
● Eröffnung des Themas (Tagesordnung Punkt 1; Aufforderung an den Redner, zu beginnen; Bitte an Person X, ihre Fragen vorzutragen etc.)
● Zusammenfassung der besprochenen Inhalte am Ende des Gesprächs
● Ausblick auf das, was in der besprochenen Sache weiter geschehen wird, wann man sich wieder trifft etc.

Beispiel 1: Mitarbeiterinnenbesprechung

Leiterin:

Begrüßung Es ist viertel vor zwei, wir sollten anfangen. Simone ist heute krank, sonst sind alle da; wir haben uns ja schon gesehen.

Überblick Karin hat heute das Protokoll. Es liegen fünf Punkte an, wie ihr auf dem Zettel am Schwarzen Brett gesehen habt: Sommerfest, die Übernachtung in der Turnhalle, eine Beschwerde von Silkes Mutter wegen der zerrissenen Jacke, der Kauf einer neuen Mülltonne und das Problem mit der Ordnung in der Küche.
Ich glaube, wir können das in dieser Reihenfolge durchgehen, oder?

Eröffnung Karin, liest du wohl mal vor, was wir bis heute erledigen wollten?
...

Schluß So, es ist fast drei Uhr, wir müssen Schluß machen.

	Wir haben heute richtig viel geschafft, finde ich. Ich faß' noch mal zusammen:
Zusfssg.	Einzelheiten zum Sommerfest besprechen wir nächste Woche noch einmal; die Übernachtung in der Turnhalle verschieben wir, bis Tina wieder da ist. Anne regelt das mit Silkes Jacke, Ulla besorgt die Mülltonne; über die Ordnung in der Küchen haben wir alle unterschiedliche Meinungen
Ausblick	– sollen wir darüber in drei, vier Wochen nochmal reden?

Beispiel 2: Konfliktgespräch mit Mitarbeiterin

Leiterin:	
Begrüßung	Ach, komm rein, Anne. Wir hatten uns ja verabredet, ich räum' eben die Sachen hier weg – schön, daß du Zeit hast. Magst du eine Tasse Kaffee? ...
Überblick	Was mir nämlich auf der Seele brennt, ist die Sache mit Ute.
	Ute hat mich gestern noch einmal gefragt, ob sie nächste Woche Urlaub nehmen kann; sie sagt, du wärst dagegen, und ob ich nicht mal mit dir sprechen könnte. Das war der eigentliche Anlaß für dieses Gespräch.
	Nun wollte ich aber sowieso nochmal mit dir reden, und zwar auch noch über das Praktikum von Regina.
Zeit	Ich weiß nicht, ob wir das alles in einer Stunde schaffen –
Eröffnung	Aber laß uns erstmal über Utes Urlaub reden – was hältst du davon? Könntest du einmal sagen, über was ihr bisher gesprochen habt und wie deine Meinung ist? Dann verstehe ich besser, wo die Schwierigkeiten liegen.
	(... nach 50 Minuten)
Schluß	Hu, ich glaube, unsere Zeit ist schon wieder um.
Zusfssg.	Ich finde gut, daß wir mal in Ruhe über die ganze Geschichte gesprochen haben. Du sagst ja, daß du mit Ute allein zurechtkommst, da will ich mich auch nicht unnötig reinhängen.
Ausblick	Den Bericht über Reginas Praktikum gibst du mir nächsten Freitag? Alles klar. Vielen Dank, Anne. Ich bin froh, daß wir das auch noch erledigt haben. Tschüs, Anne, bis morgen.

Die kurze Zusammenfassung des Besprochenen am Ende eines Gespräches gibt nicht nur die Möglichkeit sicherzustellen, daß keine wichtige Vereinbarung vergessen worden ist,

sondern beendet auch ein kontrovers geführtes Gespräch
versöhnlich. Dadurch steigt die Bereitschaft, sich erneut zu-
sammenzusetzen und unterschiedliche Ansichten auszudis-
kutieren.

Beispiel: Versöhnlicher Abschluß eines Gesprächs
- Wir haben sicher nicht alles durchgekriegt, aber doch in
  drei wichtigen Punkten etwas geklärt.
- Ich finde besonders gut, daß wir uns in der Sache XY ge-
  einigt haben. Deswegen hatte ich schon echt Alpträume.
- Wir sind zwar nicht einer Meinung, aber wenigstens hat
  jede mal ganz ohne Vorbehalte gesagt, was sie davon hält,
  das fand ich wichtig.

6.3 Delegieren von Aufgaben

Gerechte Arbeitsverteilung

Auch wenn zu hoffen ist, daß alle Mitarbeitenden sich an gemeinsamen Aufgaben beteiligen, werden einzelne Arbeiten
übrigbleiben, die von der Leiterin verteilt werden müssen.
Meist sind dies zeitaufwendige, unliebsame Tätigkeiten, und
die Abwehr („Ich mach' schon so viel!") ist bei allen groß.
Die Gutmütigste unter den Kolleginnen oder die, die am
wenigsten „nein" sagen kann, wird wahrscheinlich am meisten übernehmen. Das heißt allerdings nicht, daß sie das
auch gern tut und daß sie für die Aufgabe geeignet ist. Die
Leiterin darf sich nicht scheuen, Arbeit auch auf Wehklagen-
de zu verteilen. Das Protokollbuch läßt für alle klar erkennen, wer wieviel an Gesamtarbeit bisher übernommen hat
und wer „mal wieder dran ist".

Tätigkeitsorientierte oder zielorientierte Anweisung?

Wie in Kap. 3.4 bereits dargelegt, ist zielorientiertes Arbeiten dem tätigkeitsorientierten vorzuziehen, da es den Mitar-

beitenden ein höheres Maß an Eigenständigkeit erlaubt und sowohl auf Mitdenken, als auch auf Wendigkeit und Initiative baut.

Beim zielorientierten Arbeiten müssen Aufgaben so gestellt werden, daß das Ziel (was soll erreicht werden?) klar erkennbar ist, daß aber der Weg dahin weitgehend freigestellt wird.

Beispiele:
a) Tätigkeitsorientiertes Delegieren

Leiterin: Wir brauchen für Mittwoch noch Sitzgelegenheiten, da müßte mal eine zum Baumarkt fahren und Bänke besorgen, ich meine, wir brauchten bestimmt fünfzehn Bänke oder so.
Heike: Fünfzehn? Och nee, so viele nicht.
Vera: Hat der Baumarkt nicht zu?
Leiterin: Seit wann das denn? Dann müßte man mal beim Getränkemarkt fragen, die verleihen glaub' ich auch solche Bänke, hat das nicht letztes Mal jemand gemacht?
Heike: Ich.
Vera: Aber die waren total Schrott, ehrlich.
Leiterin: Sonst, Vera, ruf doch mal bei Herrn Rötter an, die hatten doch beim Gemeindefest auch welche.
Vera: Ich? Der ist immer so ekelig zu mir, ich ruf' den so ungern an.

b) Zielorientiertes Delegieren

Leiterin: Wir brauchen für Mittwoch noch Sitzgelegenheiten. Wer besorgt sie? (längere Pause)
Heike: Kann ich wohl wieder machen.
Leiterin: O.k., wie viele hatten wir denn letztes Mal? Wir sind wieder ungefähr sechzig Personen.
Heike: Letztes Mal hatte ich zehn Bänke geholt.
Leiterin: Das würde dann wohl reichen. Ich frage Mittwoch morgen nochmal nach, ob es geklappt hat, ja?
Vera: Bring aber nicht wieder so Schrottzeug mit wie letztes Mal! Ich hab' mir die ganzen Strümpfe aufgerissen.
Leiterin: Sonst, wenn du eine bessere Quelle hast, Vera?
Vera: Nee, nee, ich meine nur. Heike soll das man machen.
Heike: Du brauchst dich ja nicht draufzusetzen, Oma!

Tätigkeitsorientiertes Aufgabenstellen versetzt die Mitarbeitende in die Lage der Befehlsempfängerin, wogegen sie sich
im Beispiel (a) durch viele Einwände und Bedenken wehrt.
Daraus entwickelt sich oft ein fruchtloses Hin und Her, das
in gereizter Stimmung enden kann („Meine Güte, das ist
doch nun nicht zu viel verlangt! Dann mach' ich es eben
selbst!").

In anderen Fällen führt genaue Tätigkeitsanleitung dazu,
daß die ausführende Person zwar weiß, was sie tun soll, solange alles nach Plan verläuft. Doch sobald etwas Unvorhergesehenes dazwischenkommt, kann sie völlig irritiert sein
und alles fallenlassen. „Es ging gar nicht, wie Sie gesagt haben! Da wußte ich nicht, was ich tun sollte!"

Zielorientiertes Aufgabenstellen beinhaltet, daß das Ziel
möglichst genau beschrieben wird und die Grenzen klar
sind, innerhalb derer die Lösung liegen sollte. Das heißt:
Aufwand an Zeit, Mittel, Personen und Mindestanforderun-
gen an Qualität müssen bei der Aufgabenstellung mitgeteilt
werden oder sich aus der bisherigen Zusammenarbeit klar
ergeben. Sonst kann Erstaunliches dabei herauskommen,
wie bei der gespielten Stoffeligkeit von Till Eulenspiegel.

Ungeschicklichkeit, Schludrigkeit und extrem niedriges
Leistungsniveau finden sich gelegentlich auch bei Mitarbeiterinnen im Kindergarten. In der Regel gehen diese Erschei-
nungen mit Nullbock-Stimmung einher und sind weniger
auf echte Unfähigkeit, als auf Lustlosigkeit oder Schonhaltung zurückzuführen. Der Anspruch, den man an die Qualität der ausgeführten Arbeit stellt, kann gegenüber lustlosen
Personen bis zur Mindestanforderung gesenkt werden. Keinesfalls aber darf man ganz darauf verzichten, sie mit Aufgaben zu betrauen. Das würde ihre Schonhaltung nur verstärken.

Kontrolle

Beim zweiten oben angeführten Beispiel wird ein weiterer
wichtiger Aspekt des Delegierens deutlich: Fristen setzen,
Kontrolle ausüben („Ich frage Mittwoch morgen nochmal
nach …"). Dadurch wird eine rechtzeitige Korrektur mög-

lich, bei Bedarf kann noch umgeplant werden. Wenn sich die Leiterin ohne Überprüfung darauf verläßt, daß eine Aufgabe zu einer bestimmten Zeit erledigt ist, kann sie böse Überraschungen erleben, die sie sich zum Teil selbst zuzuschreiben hat.

Die Pflicht zur Kontrolle beginnt bereits beim Verteilen der Aufgabe: Hat die Kollegin verstanden, um was es geht? Die Leiterin muß anregen, daß die Mitarbeitende nachfragt, die wichtigsten Punkte zusammenfaßt, sich eventuell Notizen macht und bekundet, daß sie auch wirklich verstanden hat, was von ihr erwartet wird. Bei einfacher mündlicher Anweisung gehen über 90% der Information verloren!

Folgende Verständnisfragen dienen der Kontrolle:
- was soll getan werden?
- wozu soll es getan, was soll damit erreicht werden?
- wer soll es tun?
- bis wann soll es erledigt sein?

Kontrolle ist nicht zu delegieren; sie gehört zu den unmittelbaren Führungsaufgaben, schließt sie doch die Bewertung der Arbeitsausführung (Anerkennung und Kritik) mit ein. Am Ergebnis einer zielorientiert gestellten Arbeit sollte nicht kleinlich herumgenörgelt werden. Selbständigkeit beinhaltet immer auch Eigenwilligkeit. Wenn einem die Ausführung innerhalb der vereinbarten Grenzen nicht paßt, muß man die Arbeit in der Tat selbst machen, was sich mit souveräner Führung nicht gut verträgt.

Die Nachbesserung einer fehlerhaften Arbeit ist immer Teil der ursprünglichen Aufgabe. Jeder muß seine eigene Ungeschicklichkeit selbst in Ordnung bringen können, sonst bleiben Gefühle der Ohnmacht und des Versagens zurück, und die Bereitschaft, die nächste Aufgabe zu übernehmen, sinkt.

Nichtdelegierbares

Von der Leiterin selbst zu übernehmen und nicht zu delegieren sind (Seiwert, 1987):

● Ziele setzen, Entscheidungen treffen, Ergebnisse kontrollieren;
● Mitarbeiter motivieren;
● Aufgaben von großer Tragweite und hohem Risikoanteil;
● außergewöhnliche Sonderfälle;
● akute, eilige Aufgaben, die keine Zeit für Erklärungen und Überprüfbarkeit lassen;
● streng vertrauliche Angelegenheiten.

6.4 Das Problem mit der Selbständigkeit

Je entscheidungsfreudiger und leistungsstärker ein Mensch ist, umso schwerer fällt es ihm, nicht alles selbst in die Hand zu nehmen und über andere gleich mitzubestimmen. Viele Erziehende (Eltern, Pädagogen, Berater) haben die Neigung, andere Menschen wenigstens mit Tips und Vorschlägen zu überhäufen. Auch wenn dahinter der aufrichtige Wunsch steht, anderen Mühen abzunehmen, ist eine solche Haltung nicht hilfreich. Für den so angeleiteten Menschen wird das Problem, das er lösen will, zunächst einmal noch größer, als es ohnehin schon ist. Er muß nämlich nicht nur das ursrüngliche Problem durchdenken und einen Handlungsplan für sich entwickeln, er muß auch noch die vorgeschlagenen Lösungen abwägen („Kann ich mit den Vorschlägen etwas anfangen, stimmen sie mit meinen eigenen Vorstellungen überein, ist die Ratgebende enttäuscht, wenn ich es nicht so mache, wie sie gesagt hat?"). Und wer ist verantwortlich, wenn es nicht klappt – die, von der die Idee stammt, oder die, die sie ausführt?

Delegieren setzt Abgebenkönnen voraus; es reicht nicht, wenn man anderen verbal zusichert, daß man ihnen viel zutraut; man muß sie auch mit eigenständiger Arbeit betrauen.

In unseren Fortbildungsgruppen stuften sich anhand eines Dirigismus-Fragebogens bis zu 20% der Erzieherinnen als ausgesprochen bestimmend ein. Ihnen fällt es nach eigenem Bekunden besonders schwer, sich mit den Unzulänglichkeiten anderer Menschen abzufinden und im gemeinsamen Lebens- und Arbeitsbereich andere gelten und gewähren zu lassen.

Manche Leiterin mag bei allzu viel Selbständigkeit ihrer Mitarbeiterinnen die Sorge beschleichen, daß die anderen schließlich viel geschickter, einfallsreicher, wendiger sind als sie selbst. Verliert sie dann nicht an Autorität? Unseres Erachtens nicht. Eine Leiterin muß mitnichten alles selbst und alles am besten können. Sie ist Leiterin, weil sie Arbeit gerecht verteilen und den Fähigkeiten der Mitarbeiterinnen gut zuordnen kann. Sie koordiniert und delegiert, sie behält den Überblick und ermuntert zu sinnvoller Aktivität. Das ist ihre Stärke.

6.5 Fehleranalyse

Im Umgang mit Auszubildenden und Berufsunerfahrenen gibt es sicherlich Situationen, in denen genaue Anweisungen nötig sind und die Kontrolle recht eng ausfallen muß, um grobe Fehler zu vermeiden. Doch insgesamt kann nicht Ziel des Handelns sein, keine Fehler zu machen, sondern den gleichen Fehler nicht wieder zu machen, aus Fehlern zu lernen für ein nächstes, besseres Ergebnis. Deshalb ist die Fehleranalyse ein wesentlicher Bestandteil von Anleitung und Kontrolle, auch von produktiver Teamarbeit.

Der erste Blick bei der Bewertung einer Arbeit gilt dem, was gut gelungen ist. Bei jeder noch so schwachen Leistung läßt sich etwas Lobenswertes finden, wie das Positive Denken lehrt. In den Ohren des Kritisierten klingen die beiden folgenden Formulierungen durchaus unterschiedlich:
– „Diese Figur ist ja ganz schief zusammengeklebt, bis auf diese Ecke!"
– „Diese Ecke ist genau richtig zusammengeklebt. Der Rest sitzt etwas schief übereinander!"

Erst nach dem Anerkennen des (Teil-)Erfolges wendet man sich den Fehlern zu. Dabei ist die Grundfrage nicht: „Wer hat das verbockt?" sondern: „Wodurch ist es so miß-

lungen? Was muß beachtet werden, wer müßte wie handeln,
damit es demnächst besser wird?"

Aus lerntheoretischer Sicht ist es allemal besser, die Auf-
merksamkeit auf positive Aspekte zukünftigen Handelns zu
lenken, als den zurückliegenden Mißerfolg durch Beachtung
zu verstärken.

Natürlich kann dabei auch herauskommen, wer welchen
Fehler gemacht hat. Der Ansatz ist jedoch ein deutlich anderer: Während das Suchen nach Schuldigen ein rückwärtsge-
richtetes Vorgehen ist und anstelle einer Veränderung eher
Verteidigung auslöst, so ist die Fehleranalyse mit dem
Bemühen, die Umstände und Handlungen zu verbessern,
zukunftgerichtet und setzt Aktivität in Gang.

6.6 Konflikte im Team

Auch in einem Team mit freundlichem Arbeitsklima kommt
es gelegentlich zu Auseinandersetzungen. Solange die Mitarbeitenden miteinander streiten, läßt sich von seiten der Leiterin ruhig abwarten; sie werden in der Regel ihre Probleme
selbst klären. Die Formen des Streitens können je nach Tem-
perament sehr unterschiedlich sein; ob miteinander gezankt,
geschimpft, gemault oder herumgemuffelt wird, ist eine Frage des eigenen gelernten Streitstils und der Reaktion des Ge-
genübers. Zweifellos kann man schonende Formen des
Streitens lernen und unliebsame überwinden; dazu wird auf
die einschlägige Literatur verwiesen (z.B. Schwäbisch und
Siems, 1974; Schultz von Thun, 1989).

Wenn aber nicht mehr miteinander gesprochen wird,
wenn sich Parteien im Team bilden, wenn sich Unoffenheit
und Intrigen wie Mehltau auf die ganze Gruppe legen, muß
sich die Leiterin einschalten.

Sie kann die Beziehung zwischen den Kolleginnen nicht
lenken, kann Wohlwollen nicht anordnen. „Man kann ein
Pferd zur Quelle führen, aber trinken machen kann man es
nicht", wie der Psychoanalytiker *Alfred Adler* sagt. Wohl
kann die Leiterin dafür sensibel machen, daß der Arbeits-

frieden im Team von allen die Bereitschaft zur Einigung verlangt, und daß eine Kollegin, die diese Bereitschaft auf Dauer verneint, ihre Mitarbeit aufkündigt. Das hat letztlich ar-
beitsrechtliche Konsequenzen.

Bis es so weit kommt, sollte die Leiterin alle Möglichkeiten des zugewandten, wertschätzenden Gesprächs mit beiden Seiten nutzen. Wenn die Leiterin zunächst mit jeder
Partei einzeln spricht, gibt sie beiden die Möglichkeit der
Selbstdarstellung und Meinungsfindung. Meist reicht das
schon aus, um sich zu beruhigen, eigene Unzulänglichkeiten
zu erkennen und zum Einlenken bereit zu sein. In aufge-
wühltem, erregtem Zustand ist niemand in der Lage, sachlich zu denken, auf Argumente zu hören und in sich zu gehen. Da hilft es, „erst einmal eine Nacht drüber zu schlafen",
bevor man versucht, sich zu einigen. Erhitzte Gemüter sind
zum Streiten in der Lage, nicht aber zum Vertragen.

Für ein gemeinsames Gespräch mit zwei verzankten Mitarbeitenden oder für ein Vermittlungsgespräch im Streit zwischen Eltern und einer Erzieherin braucht die Leiterin ein
hohes Maß an Einfühlungsvermögen und Neutralität, das
sie nicht immer aufbringen kann. In manchen Fällen ist ein
Supervisor/eine Supervisorin von außen eine große Hilfe,
auch für den Fall, daß die Leiterin mit einer Kollegin selbst
im Konflikt liegt. Wie man Supervisoren findet und wer die
Kosten übernimmt, weiß in der Regel die Fachberatung.

Keinesfalls sind Streitigkeiten innerhalb des Teams Sache
des Trägers oder der Elternschaft. Sie sollten erst nach außen
getragen werden, wenn eine Einigung intern nicht mehr
möglich ist.

Zusammenarbeit mit Eltern

Jeder gesunde Mensch kann, will und muß sein Leben selbst führen. Man kann sich gegenseitig Unterstützung und Ermutigung geben, aber Probleme abnehmen kann einer dem anderen nicht.

7.1 Vorbemerkung

In der Bewertung der Zusammenarbeit mit den Eltern unterscheiden wir beiden Autorinnen uns zum Teil erheblich von dem, was in der Elternarbeits-Literatur veröffentlicht ist. Das zeigt sich nicht, solange der Kontakt zwischen Kindergarten und Elternhaus unproblematisch ist. Darüber können wir uns freuen. Wo aber Eltern und Erzieherinnen nicht am gleichen Strang ziehen, wo sie miteinander um die Zuneigung der Kinder rivalisieren, sich in ständigen pädagogischen Grundsatzdiskussionen zermürben, wo Kompetenzstreitigkeiten und Mißtrauen einander entzweien – da plädieren wir eher für Auseinanderrücken und für Verteidigung der eigenen Position auf seiten des Kindergartens, als das in anderen Schriften der Fall ist.

Offen gesagt, ist uns auch ein allzu herzlich-kumpelhaftes Verhältnis zwischen Kindergarten und Elternschaft mit gemeinsamen Ausflügen, Stammtisch und Feiern nicht geheuer. Damit haben wir uns auch in der eigenen Praxiszeit (als vierfache Kindergartenmutter, als Kindergartenleiterin) schwergetan. Wir gehörten zu den Frauen, die froh waren, wenn ihr Kind sich im Kindergarten wohlfühlte, weder andere drangsalierte, noch selbst über Gebühr viel erlitt, und wären es zufrieden gewesen, wenn wir nicht einmal zu Elternabenden hätten gehen müssen.

Den Wert eines Familiengartens, in den Geschwister und Großeltern einbezogen werden, haben wir nie ganz nachvollziehen können. Eine zu enge Verzahnung zwischen Elternhaus und Kindergarten kann Cliquenbildung begünstigen und auf Dauer mehr Konfliktstoff mit sich bringen, als die Erziehung der Kinder zu erleichtern.

Nun geht es in diesem Kapitel ja nicht darum, Wert oder Unwert von Elternzusammenarbeit zu diskutieren oder gar bestimmte Formen der Zusammenarbeit zu fordern, wie es andernorts geschieht. Art und Umfang der Elternzusammenarbeit ergeben sich aus der Gesamtkonzeption des einzelnen Kindergartens.

Die Beziehung zwischen Erzieherinnen und Eltern läßt aber in jedem Fall erkennen, welche Grundhaltung beide Seiten im Umgang mit anderen Menschen vertreten: Gegenseitige Achtung und Wertschätzung kann sich in großer persönlicher Nähe wie in freundlicher Distanz verwirklichen.

Welcher Kontakt auch immer zwischen Kindergarten und Elternhaus besteht, er wird sich darstellen in Form von Gesprächen oder im Mangel an Gesprächen. Davon soll dieses Kapitel handeln.

7.2 Ins Gespräch kommen

Beim Anmelden des Kindes wird in der Regel mit einem oder beiden Elternteilen gesprochen; hier hat die Leiterin einer Einrichtung (oder die Eltern-Fachfrau, vgl. Kap. 5.3 Definition der Aufgabenbereiche für Mitarbeitende) die Möglichkeit, für ihre Arbeit zu werben, ihre Konzeption zu erläutern und Zustimmung einzuholen.

Viele Erwartungen werden aber auch von der Familie an die Aufnahme des Kindes in den Kindergarten geknüpft:

Das ganze Spektrum der Gefühle, von Vorfreude und Er-
leichterung, endlich einen Platz bekommen zu haben, endlich wieder etwas Zeit für sich zu haben, endlich nicht mehr
so allein mit der Erziehung des Kindes dazustehen, bis hin
zu ängstlicher Unsicherheit und Abwehr ist in dieser Situation enthalten. Denkt die Leiterin daran, daß sich beim Erstgespräch nicht nur der Kindergarten darstellen will, sondern
auch der andere „Vertragspartner"?

Eltern geben mit ihrem Kind etwas ganz Privates her – sie
lassen Fremde in ihre Familie, in ihren Erziehungsstil, in ihr
Chaos schauen, und ihnen ist bange, was da alles ans Licht
kommen mag. Die Neigung, Kinder herausgeputzt mit teu-
rer Kleidung zum Kindergarten zu schicken, penibel auf
Ordnung zu achten und ganz kurzatmig zu reagieren, wenn
irgendetwas Formales schiefgeht, zeigt diese tiefe Unsicherheit vor dem Urteil der „Öffentlichkeit".

Was erwarten Eltern vom Kindergarten?

Was immer sie antworten würden – sie hoffen, daß sie
selbst nicht verletzt, nicht abgewiesen, nicht blamiert und
bloßgestellt werden. Nach dem Aufnahmegespräch kann
diese Sorge verflogen sein; sie kann sich aber auch angstvoll
bestätigen.

Regeln, Regeln, Regeln – ärztliches Attest, Unterschrif-
ten, Termine, Verpflichtungen und Zusagen, darum kreist
das Erstgespräch in den Ohren der Eltern. Wen wundert es
da, wenn sie so wenig von sich selbst erzählen?

Die Vertreterin des Kindergartens sollte nach dem Kind fragen, nach Geschwistern, nach Spielsachen, nach Lieblingses-
sen und Eigenheiten; wer ist der kleine Kerl, den die Eltern
uns da bringen? Wie lebt er, wovor graust er sich, worüber
kann er lachen, an was glaubt er, wie sieht sein Leben außerhalb des Kindergartens aus? Und was wünschen sich die Eltern für ihr Kind von seiner Kindergartenzeit?

Wenn der Kindergarten den Eindruck vermitteln möchte,
daß man sich über Gespräche mit den Eltern freut, daß sie
wichtig sind für das Gedeihen der Kinder, dann dürfen die
Erzieherinnen nicht erst auf die Eltern zugehen, wenn Probleme auftreten. Mit vielen Eltern spricht kein Mensch über

ihr Kind, außer, wenn es etwas angestellt hat. Dann wird sicher auch im Kindergarten mit ihnen gesprochen.

Schon vorher läßt sich vieles sagen: Wenn es etwas zu lachen, zu freuen gibt, Briefchen, Zettelchen, einen lustigen Ausspruch von einem Kind eben aufgeschrieben und in die Butterbrottasche gesteckt, etwas Pfiffiges, Liebenswertes, guck mal, das kann er schon, das ist jetzt viel besser als zu Anfang, etwas, was man voller Stolz anderen erzählen kann. Neue Spritztechniken, gefaltete Osterkörbchen, geklatschte Reime und gestampfte Gruppenlieder, darin können viele Eltern nicht die Mühe, nicht die Besonderheit ihres Kindes erkennen. „Heiko hat heute eine ganze Stunde lang beim Laubharken geholfen!" – „Sandra spielt am allerliebsten mit Silke, die beiden verstehen sich prima." – „Wir freuen uns so, daß Mario wieder da ist. Er hat uns richtig gefehlt." Darüber kann man sich als Eltern freuen.

Die in den meisten Kindergärten üblichen Elternbriefe, Kindergartenzeitung, Mitteilungsblätter tragen auch zur Kommunikation mit den Eltern bei; wir sind jedoch skeptisch, ob sie im erwarteten Ausmaß gelesen werden und ob der Beachtungsgrad den Arbeitsaufwand immer rechtfertigt.

Informationsmaterial für den ganzen Kindergarten zu erstellen kann übrigens eine lohnende Spezialisten-Arbeit im Sinne der in Kap. 5.3 beschriebenen gruppenübergreifenden Fachbereiche sein.

7.3 Problem-Gespräche

Es gibt drei verschiedene Ausgangssituationen für Problemgespräche zwischen Kindergarten und Eltern

- Eltern haben Sorgen (Wünsche, Beschwerden, Fragen) und bitten um ein Gespräch;
- Das Kindergartenteam hat Sorgen und sucht das Gespräch;
- Eltern und Team liegen miteinander im Konflikt.

Eltern haben Sorgen und bitten um ein Gespräch

In einem solchen Fall geht die Initiative meist von den Eltern aus; die Leiterin oder Erzieherin bietet Raum, Zeit und Dauer für ein Gespräch an, hält sich aber im weiteren Verlauf des Gesprächs weitgehend zurück. Die Eltern stehen im Mittelpunkt; die Erzieherin versucht, sich ganz auf die Eltern einzustellen, zuzuhören, sich einzufühlen, mitzuempfinden. Es ist die Grundhaltung des personenzentrierten Gesprächs (ausführlich dargestellt bei Bröder 1993 oder bei Schwäbisch und Siems, 1974). Die Mutter, der Vater möchte über das sprechen, was sie bewegt, und alles ist hilfreich, was dieses Sprechen ermutigt und weiterführt. Nur durch Selbersprechen entwickelt der Sorgenvolle seine Gedanken. Nur dadurch, daß jemand ausspricht, was ihn ängstigt, freut, sorgt oder belastet, wird er sich seiner Bedrückungen, aber auch seiner Bedürfnisse und Ziele bewußt, und erst dann kann er anfangen, etwas dafür oder dagegen zu tun.

Beispiel:

Mutter: Ich habe mal eine Frage, Frau K. Sollen wir Silke zur Kur schicken oder nicht?

Leiterin: Sie sind sich nicht sicher, ob ihr das gut tut?

Mutter: Gut täte es ihr bestimmt, aber dann wäre sie so weit von zu Hause weg.

Leiterin: Und das würde ihr vielleicht schwerfallen?

Mutter: Naja, sie war noch nie allein woanders --

Leiterin: Und Sie – wie würden Sie damit fertig?

Mutter: (bricht in Tränen aus) Mich macht das ganz krank, wenn ich nur dran denke.

Leiterin: Dann hätten Sie es eigentlich überhaupt nicht gern, wenn Silke weg müßte, nicht?

Mutter: (nickt)

Daß jeder seine Probleme selbst angehen (wenn auch nicht allein lösen) muß, dazu auch prinzipiell alle Fähigkeiten hat, davon sind wir zutiefst überzeugt. Daß er das auch immer selbst tun will, ist nicht gesagt. Viele Menschen glauben nicht daran, daß sie selbst in der Lage sind, ihr Leben zu meistern *(vgl. erlernte Hilflosigkeit)* und suchen Rat und Hilfe bei anderen. Doch können sie mit dem Rat wirklich etwas anfangen? Kann dem einzelnen wirklich nützen, zu wissen, was ein anderer an seiner Stelle täte? Jeder muß selbst abwägen, was für ihn gut oder schlecht ist, was er sich zutraut oder lieber sein läßt, womit er zurecht kommt oder nicht.

Kein Rat, und sei er noch so fundiert, paßt besser zum eigenen Leben, als was einem selbst in ernsthafter Prüfung und Abwägung der eigenen Wünsche und Möglichkeiten als richtig erscheint. Vielen Erzieherinnen scheint schwerzufallen, diese Haltung in Worte zu fassen. Nicht Schulterzucken und ratloses „da kann ich Ihnen auch nicht helfen – das müssen Sie schon selber entscheiden!" sind angemessene Reaktionen, sondern das interessierte Abwägen und Darstellen vieler verschiedener Möglichkeiten, immer mit dem Zurückgeben der Überlegung: „Was halten Sie davon, wie kämen Sie damit zurecht, was würde das für Sie bedeuten?"

Selbstverständlich kann man als Beratende die eigene Meinung äußern, auch von eigenen Erfahrungen sprechen, sich selbst und andere als Beispiel anführen. Doch bleibt immer die Frageform, die Möglichkeitsform, das Beispielhafte eines Vorschlages erkennbar. Sobald die Beratende dazu übergeht, zu überreden, zu überzeugen, eindringlich, zwingend zu argumentieren, wendet sich das Gespräch von den Ratsuchenden ab und führt von deren Problemen weg.

Wenn sich nun aber eine gefundene Lösung beim Ausführen als Fehler erweist? – So kann man sie korrigieren.

Und wenn sie nicht mehr zu korrigieren ist? – So hat jede neue Entwicklung auch etwas Gutes.

„Etwas besseres als den Tod können wir überall finden!" sagten die Bremer Stadtmusikanten zueinander. Zuversicht und aktive Lebensgestaltung liegen in dieser Grundhaltung, die sich in vielen religiösen, philosophischen und psychotherapeutischen Ideen findet. Auch in Seelsorge und Psychotherapie wird dem Ratsuchenden die Zuständigkeit für sein Leben ja nicht abgenommen. Er wird ermutigt, das nötige Selbstvertrauen und geeignete Fähigkeiten zu entwickeln, um damit zurechtzukommen.

Das Kindergartenteam hat Sorgen
und sucht das Gespräch

Diese Ausgangslage erfordert eine andere Vorbereitung und Durchführung des Gesprächs auf seiten des Kindergartens. Die Grundhaltung ist aber die gleiche: Offenheit, Achtung für den anderen und die Zuversicht, daß durch das gemeinsame Gespräch Probleme klarer und Lösungen ersichtlich werden. Nicht von oben nach unten, nicht von der Wissenden hinunter zu dem, der überhaupt nicht durchblickt, ist zu sprechen. Der Kindergarten macht sich Sorgen, versteht etwas nicht, sieht Probleme, kommt nicht zurecht – und bittet die Eltern um Unterstützung durch Aussprache, gemeinsame Überlegungen, Abwägen der möglichen Maßnahmen.

Vorzubereiten ist das Gespräch mit der Bitte um einen Termin – nicht mit der Mitteilung, wann die Eltern bitteschön kommen sollen. Wenn Eltern sich zu einem Gespräch (das sie ja gar nicht unbedingt wollen) bereitfinden, haben sie die Entscheidung über Ort, Zeit und Dauer; das ist zu erbitten, nicht zu bestimmen, aber natürlich vor dem Gespräch abzuklären.

Folgende *Vorbereitungen* sind von seiten des Kindergartens nötig:
– *Freundliche Atmosphäre:* Angenehme Sitzmöglichkeiten, eventuell etwas zum Anbieten, wenn das Gespräch im Kindergarten stattfindet. Es kann selbstverständlich auch als Hausbesuch bei den Eltern stattfinden.
– *Ungestörtheit:* Wenn Eltern auf Wunsch der Leiterin zu einem Gespräch kommen, haben sie das Recht, daß diese sich ganz auf das Gespräch konzentriert. Keine Telefonate, kein Hinauslaufen, kein Klopfen an der Tür!
– *Unterlagen:* Was soll besprochen werden, welche Unterlagen werden benötigt? Sie müssen griffbereit sein, wenn die Eltern kommen, auch etwas zum Mitschreiben für alle Anwesenden.
– *Wer nimmt am Gespräch teil?* Ein Gespräch unter vier Augen ist das persönlichste. Vielleicht wollen Eltern aber auch gern zu zweit kommen, oder die Gruppenleiterin soll zugegen sein. Das ist vor dem Gespräch abzuklären.

– *Zielsetzung:* Jedes Gespräch braucht ein Gerüst, das vorher zu durchdenken ist. Welche Punkte sollen angesprochen werden, worüber sollen Vereinbarungen getroffen werden? Die Ankündigungen, Zusagen, Termine, die im Laufe des Gespräches vereinbart wurden, werden ebenso schriftlich festgehalten.

– *Inhaltliches:* Beim Elternproblemgespräch wird es in der Regel um Auffälligkeiten des Kindes gehen, das heißt um etwas, was die Eltern bisher nicht zur Kenntnis genommen haben oder wo ihre Mitarbeit erwünscht ist. Man möchte erreichen, daß die Eltern die eigene Sicht des Problemes anhören, verstehen und Schlußfolgerungen daraus ziehen, die zu einer Verbesserung führen. Das gelingt nur in einer freundlichen, wohlwollenden Atmosphäre. Sobald vorwurfsvolle Töne oder Schuldzuweisungen anklingen, wird jeder sich verhärten, verteidigen, und die Bereitschaft, sich zu ändern, sinkt.

Ein Hauptfehler beim Problemgespräch ist, daß man erwartet, der andere möge etwas tun, was man selbst für wichtig und nötig hält.

Beispiel:

Leiterin: Frau M., wir machen uns Sorgen um Ralf. Er sieht in letzter Zeit so blaß aus. Gehen Sie doch bitte mal zum Kinderarzt mit ihm. Vielleicht hat er einen Eisenmangel.

Mutter: Nee nee, das hat er bestimmt nicht.

Leiterin: Waren Sie denn schon beim Kinderarzt?

Mutter: Nein, aber bei uns in der Familie haben sie alle eine blasse Gesichtsfarbe.

Leiterin: Da sollten Sie sich alle mal untersuchen lassen!

Mutter: (lacht)

Bewegen, ändern, in Gang setzen kann man nur sich selbst. Andere Menschen kommen auch bei gleicher Beurteilung einer Sachlage zu ganz anderen Schlüssen, halten ganz andere Aktivitäten für richtig. Das ist ihr gutes Recht. Sie haben aus ihrer Sicht ebenso recht wie man selbst. Keiner weiß, was für den anderen (auch nicht für ein Kind!) wirklich gut und richtig ist. Jeder hat Vorstellungen darüber, die – wenn sie von Wohlwollen und Ernsthaftigkeit getragen sind – prinzipiell gleichwertig sind. Wieso muß eine Mutter die Beurteilung der Erzieherin für richtiger halten, als ihre eigene? Sie wird es tun, wenn sie von der Erzieherin viel hält, wenn sie eigene Unzulänglichkeiten erkennt, wenn sie selbst etwas ändern will. Das tut sie aber nur, wenn sie sich akzeptiert und gleichwertig behandelt fühlt.

Insgesamt sind wir Autorinnen der Ansicht, daß im Kindergarten längst nicht alle Möglichkeiten ausgeschöpft werden, die zur Behebung von Auffälligkeiten bei Kindern zur Verfügung stehen. Zu schnell wird nach Mitarbeit der Eltern gerufen, zu schnell werden Kinder zum Kinderarzt, zur Erziehungsberatung, zum Psychologen überwiesen. Welches Ziel wird damit verfolgt? Läßt sich das Problem auf diese Weise überhaupt lösen, oder wird nur Verantwortung weitergereicht?

Hilfreich ist eine *Problemanalyse* (analog zur Fehleranalyse) auch hier:
- Wie sieht das Problem genau aus, wie äußert es sich?
- Wo und wann tritt es im Kindergarten auf?
- Durch welche Bedingungen wird es aufrechterhalten (nicht: wer ist schuld?), wann wird es schlimmer? Daraus folgt: Wie können wir im Kindergarten diese negativen Bedingungen beseitigen oder eingrenzen?
- Unter welchen Umständen wird es besser? Daraus folgt wiederum: Wie können wir im Kindergarten diese positiven Umstände herbeiführen, verstärken?

Um diese Fragen zu beantworten, bedarf es einer systematischen Verhaltensbeobachtung bei dem betreffenden Kind, aber auch einer kritischen Beurteilung des Erzieherinnenverhaltens und der Gesamtsituation in diesem Kindergarten, zu der das ganze Team beitragen kann. In ganz verworrenen Fällen kann eine Fall-Supervision zu Rate gezogen werden.

Man muß die Eltern über das interne Vorgehen nicht informieren, wenn es der eigenen Orientierung dient. Ihr Eltern-Recht ist davon nicht betroffen. Bevor nicht wirklich ernsthaft angegangen worden ist, was an Ort und Stelle zur Problemlösung möglich ist (dazu gehören auch räumliche und personelle Veränderungen!), sollten die Eltern eines Kindes nicht alarmiert und zu Maßnahmen gedrängt werden. Besonders dann nicht, wenn der Kontakt zum Kindergarten ohnehin nicht sehr eng und wohlgesonnen ist.

Ist es nicht ganz unwahrscheinlich, daß Eltern, die weder die pädagogisch-psychologische Ausbildung der Erzieherinnen haben, noch die wohlwollende Distanz zu ihrem Kind, besser wüßten, wie man mit dessen Schwierigkeiten fertig wird, als die Erzieherinnen selbst? Und daß ihr Kind schwierig ist, braucht ihnen in der Regel auch niemand zu sagen. Sie würden es sicher gern ändern, wenn sie nur wüßten wie.

Eltern und Kindergarten liegen miteinander im Konflikt

Auch bei weitgehender Übereinstimmung in Erziehungsfragen wird es zwischen Eltern und Erzieherinnen zu Meinungsverschiedenheiten kommen. Ursache sind meist unterschiedliche Erwartungen und Zielsetzungen: für die Eltern stehen ihr Kind und ihre eigenen Interessen natürlich im Mittelpunkt. Geht es unserem Kind gut? Wird es so erzogen, wie wir Eltern es für richtig halten? Kommt es genügend zur Geltung, wird es genügend gefördert? Nicht immer sind unrealistisch hohe Erwartungen die Ursache von Kritik am Erzieherinnenverhalten; vieles an der Kritik entspringt der berechtigten Sorge, daß das eigene Kind in der Menge der 24 anderen und bei der Durchsetzungsstärke einiger weniger untergehen könnte.

a) Umgang mit Elternwünschen

Auf viele konkrete Wünsche und Anregungen von seiten der Eltern wird der Kindergarten nicht eingehen können. Mal sind es organisatorische, mal pädagogische Gesichtspunkte, die dagegen sprechen, mal passen die Anregungen einfach nicht in den täglichen Ablauf. Das ist durchaus legitim zu sagen, fällt aber vielen Erzieherinnen schwer. Sie deuten die Eltern-Wünsche schnell als verborgene Kritik, fühlen sich angegriffen und geraten unversehens in eine Dauerverteidigungs-Haltung Eltern gegenüber.

Mutter:	Warum gehen Sie bei diesem schönen Wetter nicht mal mit den Kindern spazieren?
Erzieherin:	So viele Kinder sind erkältet, da wollen wir das lieber nicht tun.
Mutter:	Ja, aber Sie lassen die Kinder doch raus auf den Spielplatz?
Erzieherin:	Hm, äh – Bewegung brauchen sie wohl – also, das ist ja auch nur immer ganz kurz.

Der Grund für die Abwehr liegt nicht nur darin, daß so wenig Zeit und Kraft übrig ist für Neuerungen oder Angebots-Erweiterungen. Der Grund liegt unseres Erachtens darin, daß viele Erzieherinnen selbst viel zu wenig darüber nachdenken, warum sie etwas tun und etwas anderes lassen. Ihre Arbeit hat oft kein erkennbares Ziel, kein Konzept steht dahinter. Wieso gehen wir mit den Fünfjährigen zur Feuerwehr? Wieso nicht auch zur Polizei, ins Krankenhaus, zur Mülldeponie? Warum dürfen Geschwister mit zum Laternenumzug, nicht aber mit zur Theateraufführung? Weshalb bieten wir eine Bewegungsbaustelle an und wieso kein Haltungsturnen?

Sich seiner Ziele bewußt sein und das fortlassen, was nicht zu den Zielen paßt, ist eine Voraussetzung sinnvoller Arbeit. Wer weiß, was er will, weiß auch, was nicht dazu paßt. Das macht gelassen gegenüber immer neuen Forderungen und Wünschen.

Mutter:	Warum gehen Sie bei diesem schönen Wetter nicht mal mit den Kindern spazieren?
Erzieherin:	Ja, ist es nicht wunderschön draußen? Es lockt uns auch an die frische Luft.
Mutter:	Und? Dann könnten Sie doch gut mal spazieren gehen!
Erzieherin:	Wir sind lieber auf unserem Spielplatz.
Mutter:	Spazierengehen ist aber irgendwie interessanter für die Kinder, da erleben sie viel mehr.
Erzieherin:	Ehrlich? Ich kann mich da gar nicht richtig reindenken, in unserer Gruppe sind wir so richtige Spielplatzspieler.

Wo die Erwartungen der Eltern im Widerspruch zur pädagogischen Konzeption des Kindergartens stehen, muß das direkt angesprochen werden, da das die Kinder, wenn es nicht offengelegt wird, auf Dauer irritieren kann. Daß Eltern und Erzieherinnen überhaupt unterschiedliche pädagogische Ziele haben, belastet nicht von vornherein. Kinder kennen es in der Regel aus der eigenen Familie, daß Vater und Mutter, Mutter und Oma zu den gleichen Themen anderer Ansicht sind. Sie können sehr wohl bei dem einen so, beim anderen so sein und verbiegen sich nicht, wenn sie sich den jeweiligen Erwartungen anpassen. Sie wollen nur wissen, woran sie sind. Die unterschiedlichen Regeln müssen zum jeweiligen Umfeld passen, müssen in sich schlüssig sein.

Beispiele:

a) Der Vater eines Kindes ist Berufssoldat und nimmt seinen Sohn gern mit zu Waffenschauen. Stolz bringt Jens einen nachgebauten Panzer und Werbebroschüren mit in den Kindergarten. Die Leiterin bittet die Mutter, die mitgebrachten Sachen sofort wieder mitzunehmen, da im Kindergarten kein Kriegsspielzeug verwendet werden soll. Der Vater sieht in diesem Ansinnen eine Diskriminierung seiner Familie.

b) Die Eltern von Katrin gehören keiner Religionsgemeinschaft an. Sie möchten nicht, daß Katrin im Kindergarten christliche Gebete und Geschichten lernt und die christlichen Feste mitfeiert (Weihnachten, Ostern, St. Martin). Sie würden dem nur zustimmen, wenn auch die Inhalte der anderen großen Weltreligionen im Kindergarten vermittelt würden.

In beiden Fällen widerspricht das Ansinnen der Eltern der Konzeption des Kindergartens, die ihnen im Aufnahmegespräch erläutert worden ist und der sie mit der Anmeldung ihres Kindes zugestimmt haben. Können sie sich mit den Grundsätzen der Einrichtung nicht identifizieren, müßten sie ihr Kind woanders unterbringen.

Der Kindergarten entwickelt zwar die pädagogische Zielsetzung in Abstimmung mit den Elternvertretern, dennoch kommt Gruppenerziehung nicht ohne eine gewisse Nivellierung von Einzelwünschen aus. Das sollten die Mitarbeitenden selbstbewußt gegenüber Eltern und Kindern vertreten.

Was sie darüber hinaus tun können, soweit ihre Zeit und Nervenkraft es erlauben, ist, den Eltern interessiert zuzuhören, die positiven Aspekte des Vorgeschlagenen anzuerkennen. Sie vermitteln damit die Grundhaltung: „Ihre Idee, Frau M., ist super. Und dies ist unsere Idee – auch super, wie?"

b) Umgang mit Eltern-Kritik

Hinter der Bitte, doch darauf zu achten, „daß unser Markus immer die Gummistiefel anzieht, wenn er nach draußen geht", kann das gleiche Bedürfnis stehen, wie hinter dem Wunsch, die Erzieherinnen mögen für die Älteren Flötenunterricht anbieten oder mit den Vätern Weihnachtsgeschenke basteln.

Es ist das Bedürfnis nach Beachtung. Auch Eltern haben den dringenden Wunsch, von den Erzieherinnen gesehen und anerkannt zu werden. Oft ist der Kontakt zum Kindergarten die intensivste und persönlichste Zuwendung, die eine junge Frau außerhalb ihrer Familie erfährt, und das Gespräch an der Kindergartentür ist die einzige Gelegenheit, mit Gleichgesinnten in Kontakt zu kommen. Viele Frauen aber haben nie gelernt, ihr Bedürfnis nach Nähe direkt und freundlich zu äußern. Angst vor Zurückweisung, die Scheu sich zu blamieren lassen sie im Umgang miteinander vorsichtig und unoffen sein. Sie kritisieren und nörgeln aneinander herum und möchten dennoch vor allem herausfinden: Was hält Frau X von mir? Bin ich ihr wichtig? Mag sie mich?

Wenn es der Leiterin gelingt, Eltern-Kritik in Anregungen umzuformulieren und sie zu ermutigen, ihre Vorschläge selbst in die Tat umzusetzen, so erweist sie ihnen einen wertvollen Dienst. Die Leiterin gibt damit zu verstehen, daß Eltern-Engagement durchaus willkommen ist, aber nicht als Besserwisserei und Dirigismus, sondern als eigenständige, auf das gemeinsame Ziel hin verstandene Unterstützung. Die Eltern erkennen schnell, was an ihren Ideen wertvoll, was hinderlich ist, wenn sie sie selbst in die Tat umsetzen sollen.

Es fordert viel Geduld und Beharrlichkeit auf seiten des Kindergarten-Teams, Eltern zu solcher Eigenständigkeit zu ermutigen, ist es doch auch für Eltern allemal einfacher, von den Erzieherinnen etwas zu fordern, als es selbst in die Hand zu nehmen. Je weniger die Erzieherinnen ihrerseits in das Leben und Entscheiden der Eltern hineinreden, je mehr sie deren Selbstbestimmungsbedürfnis respektieren, umso leichter wird es ihnen fallen, sich gegen Extrawünsche und Kritik zu behaupten.

Auch wenn nicht jede Kritik nur als Kontaktwunsch zu deuten ist, tut man gut daran, Kritik grundsätzlich als etwas Positives anzusehen. Kritisiert werden heißt doch, daß man beachtet wird. Niemand käme auf die Idee, jemanden zu kritisieren, der ihm völlig gleichgültig ist.

Von jeder Kritik kann man etwas lernen. Wie Schneewittchens Stiefmutter von ihrem Spieglein die Wahrheit erfuhr, so erfahren wir durch Kritik, wie wir auf andere wirken, wo Schwächen und Unklarheiten im eigenen Verhalten liegen und was zu korrigieren ist.

Das ist auch möglich, wenn gehässig, ungerechtfertigt, in Bausch und Bogen kritisiert wird. Wo ist das Körnchen Wahrheit in dem, was da vorgeworfen wird? Was ist daraus zu lernen?

Wenn keine Wahrheit zu erkennen ist, wenn es sich um etwas völlig Willkürliches, Haarsträubendes handelt, wird man verdutzt dreinschauen: Was soll das jetzt? Was ist denn mit Ihnen los?

Ein Grund, gekränkt und beleidigt zu sein, sich zu rechtfertigen und Himmel und Erde in Bewegung zu setzen, um den Kritiker zu überzeugen, ist nie gegeben. Wer wohlmeinend kritisiert, wird sich bemühen, seine Einwände zu begründen, Fragen zu stellen, Hintergründe herauszufinden. Dann hat die Kritisierte die Gelegenheit, ihren Standpunkt zu erläutern.

Wer aber nicht wohlmeinend ist, will das alles gar nicht wissen. Dieser Mensch hört auch dann nicht zu, wenn sich jemand vor ihm rechtfertigt.

8 Das Büro im Kindergarten

„Gebraucht der Zeit, sie geht so schnell vonhinnen, doch Ordnung lehrt euch, Zeit gewinnen." GOETHE

Die Stellenbeschreibungen für Leiterinnen von Kindertagesstätten sehen in einem hohen Maße „Verwaltungsaufgaben" vor, doch für die Leiterinnen selbst rangiert diese Tätigkeit am Ende der Beliebtheitsskala. „Arbeit mit Kindern – Mitarbeiterinnenführung – Elternarbeit – Trägerkontakte – Verwaltungskram", so gewichten viele Leiterinnen ihre Aufgaben, wobei die Arbeit mit den Kindern dem Kürprogramm, die Verwaltungsarbeit dagegen dem Pflichtteil entspricht. Tatsächlich nimmt denn auch die ungeliebte Büroarbeit einen breiten Raum ein, der umso lästiger und zeitraubender ausfällt, je weniger professionell die Organisation ist.

8.1 Arbeitsplatzanalyse

Ausstattung und Arbeitsmittel richten sich zwar auch nach den besonderen Gegebenheiten in der einzelnen Einrichtung, sollten aber in erster Linie von der Arbeitsplatzanalyse bestimmt werden: Welchen Aufgaben und Zielen muß das Büro genügen, welche Arbeiten und Gegenstände müssen darin untergebracht werden, welche Mittel stehen zur Verfügung?

Die Größe und Möblierung des Büros richtet sich zweifellos nach dieser Zielsetzung. Wir kennen Einrichtungen, in denen das Leiterinnen-Büro gediegene Chef-Atmosphäre ausstrahlt, andere, in denen es dem Wohnzimmer einer kinderreichen Familie ähnelt; in wieder anderen Einrichtungen kommt man mit einem Schreibtisch auf dem Flur aus und benutzt das ursprüngliche Büro als separaten Raum für Kleingruppenarbeit.

Nicht die Ausstattung allein bestimmt die Qualität der Leitungsarbeit – doch sie kann sie erheblich erleichtern.

8.2 Möblierung

Ein großer Schreibtisch und ausreichend Ablage-, Regal- und Schrankfläche (auch abschließbare!) sind immer von Nutzen. Hängeregister zur Ablage von Akten, übersichtliche Zeitschriftenablage, Protokollbücher für wiederkehrende Gespräche (Trägergespräche, Elterngespräche, Vertreterbesuche) erleichtern die Organisation. Der große Terminkalender an der Wand (Jahresplaner) für mittelfristige Planung und die weithin sichtbare Uhr für die Einhaltung der täglichen Zeitplanung sind unverzichtbar.

Sind im Büro der Leiterin Gespräche mit Eltern und Besuchern zu führen, muß neben dem Schreibtisch eine Sitzecke vorhanden sein (ein Stuhl vor dem Schreibtisch reicht für persönliche Gespräche nicht aus!), in der man im rechten Winkel voneinander bequem sitzen kann. Ein Tisch in Sitzhöhe als Schreibunterlage, Abstellfläche und „Abstandhalter" erleichtert es den Gesprächspartnern, die gewünschte Distanz zueinander zu finden, die Sessel sollten eine Stütze für Arme und Rücken bieten.

Die Ausgestaltung eines Raumes sagt ebenso viel über die Bewohnerin aus, wie die persönliche Kleidung oder die Haartracht. Sie ist ein Teil der sprachfreien Kommunikation. Die Leiterin möge bedenken, ob sie fremden Besuchern gegenüber allzu Persönliches mitteilen möchte, etwa mit Wandsprüchen, persönlichen Fotos und Kuscheltieren auf dem Sofa. Andererseits wird das allemal freundlicher wirken, als die lieblose Ansammlung von Kisten und Kästen, die aus dem Leiterinnenbüro einen Abstellraum macht, wie wir es gelegentlich antreffen.

Eine Leiterin sollte sich bei aller „Öffentlichkeit" ihres Arbeitszimmers gestatten, auf ihrem Schreibtisch ihr eigenes Maß an Ordnung und Aufgeräumtheit zu verwirklichen; solange sie ihre Ziele, Termine und Zusagen einhalten kann und den Überblick behält, ist dort auch ein vermeintliches Chaos zu verteidigen. Allerdings muß die Leiterin Sorge tragen, daß in ihrer Abwesenheit auch eine Vertreterin ihr Organisationsschema durchblickt und zuverlässig findet, was zu erledigen ist.

8.3 Technische Hilfsmittel

Im Büro der Leiterin haben das Telefon, der Kopierer und die Schreibmaschine/der Computer ihren Platz. Auch die Erzieherinnen, die sich in nächster Zeit nicht neu einrichten oder nachrüsten können, sollten sich unbedingt bald in die Bedienung eines Computers einarbeiten. Es handelt sich dabei ja nicht nur um eine Arbeitserleichterung, sondern um den Umgang mit einem technischen Lehrmittel, das sowohl der eigenen Kompetenz und Fortentwicklung dient, als auch in der Erziehung der nächsten Kindergeneration gleichrangig neben Hammer und Säge stehen wird. Welche Frau käme heute noch darauf, den Reißverschluß ideologisch abzulehnen oder den Gebrauch von elektrischen Bohrern zu verweigern?

Allein die Zeitersparnis beim Erstellen von Informationsmaterial, Elternbriefen etc. rechtfertigt die Anschaffung der elektronischen Datenverarbeitungsanlage. Die Karteien für Urlaub, Krankheit und Vertretung lassen sich im Computer schnell und übersichtlich führen, Einkauf und Bestellungen werden erleichtert, die Buchführung rascher abgewickelt.

Ähnlich verhalten wie dem Computer gegenüber reagieren viele Leiterinnen auf Anrufbeantworter und tragbares Telefon. Ob es sie wirklich so wenig stört, mehrmals in einer

Viertelstunde durch alle Räume von schrillem Scheppern verfolgt zu werden, nur um zu hören, daß Sandra heute später kommt, Tina immer noch krank ist, Volker bei der Oma schläft, der Bastelladen die bestellte Lieferung heute doch noch nicht bringen kann ... Ans Telefon hetzen als Leitungsaufgabe?

Wenn ein Telefonprotokollbuch geführt wird, in das alle Gespräche fortlaufend eingetragen werden, kann umschichtig jede Mitarbeiterin das tragbare Telefon an ihrem Arbeitsplatz bei sich haben. So ist immer jemand zu erreichen, und jede Information wird zuverlässig festgehalten, ohne daß die Arbeit mit den Kindern permanent gestört wird. Will man aber gar nicht beliebig erreichbar sein – und auch dafür spricht manches – so wäre ein Anrufbeantworter die sinnvollste Lösung. Eilige Meldungen kommen dabei auch nicht zu kurz, wenn man die Nachrichten zum Beispiel nach dem ersten Ansturm gegen 10 Uhr und zum zweitenmal am Nachmittag abhört. Feste Telefonzeiten lassen sich schwer durchsetzen, und anhaltendes Klingeln stört auch dann, wenn man aus Prinzip nicht an den Apparat geht.

Durch den sinnvollen Einsatz von Arbeitsmitteln wird die Leiterin von der notwendigen Pflichtarbeit entlastet, wird Zeit freigesetzt für ihr individuelles „Kürprogramm", das die Freude an der Arbeit erhält und dem Kräfteverschleiß entgegenwirkt.

Organisation der Arbeitszeit

„Das Leben ist kurz, weniger wegen der kurzen Zeit, die es dauert, sondern weil uns von dieser kurzen Zeit fast keine bleibt, es zu genießen." J.J. ROUSSEAU

Nicht nur die Zeit zum Genießen fehlt vielen Menschen in Führungspositionen – ihnen geht auch die Fähigkeit verloren, die positiven Anteile ihres Lebens überhaupt zu sehen und sich ihrer zu freuen, je weitreichender und vielfältiger ihre Verantwortung wird.

Selbständigkeit, Eigenverantwortung und Vielfalt in ihrem Beruf, der erfrischende Umgang mit Kindern und die fachliche Zusammenarbeit mit Gleichgesinnten sind für viele Leiterinnen Grund zur Freude an ihrer Arbeit.

Wie sie „mehr Zeit für das Wesentliche" finden (Seiwert, a.a.O.), ist Anliegen dieses Kapitels.

9.1 Biorhythmen und Tagesablauf

Alle biologischen Vorgänge unterliegen einem ständigen Wechsel. Tatkraft und Erschöpfung, Anspannung und Entspannung, sprühende Energie und niedergeschlagene Tatenlosigkeit wechseln auch im menschlichen Gemüt ab, und zwar in einem für jeden Menschen typischen eigenen Rhythmus, der sich über den 24-Stunden-Tag nachweisen läßt, der aber auch über größere Zeitabschnitte hin zu beobachten ist (Biorhythmen, vgl. Kap. 4.4). Der gesamte Organismus Mensch – in seinen körperlichen, seelischen und geistigen Funktionen – unterliegt dem ständigen Prozeß des Auf- und Abbaus von Kräften.

Über den Tag hin ist dieser Prozeß begleitet von Stoffwechselveränderungen, von Produktion und Abbau der verschiedensten Substanzen im Körper, die ihrerseits sowohl die Arbeit aller Organe, wie auch die dazugehörigen Gefühle und Gedanken beeinflussen.

Auch wenn der Mensch den ganzen Tag im Bett läge und kaum äußere Reize aufnähme, er würde dennoch nicht in einem ausgeglichenen Dauerzustand bleiben. Auch dann machte er unterschiedliche Energie- und Erschöpfungsphasen durch, die im körperlichen Bereich in Zusammenhang mit Nahrungsaufnahme und -ausscheidung stehen; auch dann fühlte er sich in wechselnden Stimmungen, wäre mal mehr, mal weniger zu Konzentration und Denkleistungen in der Lage.

Körper, Seele, Geist und soziales Umfeld – der Mensch ist eine *biopsychische Einheit*. Jeder Teilbereich beeinflußt den anderen, keiner ist isoliert zu betrachten, keiner isoliert zu beeinflussen, ohne daß nicht die anderen Bereiche mitbetroffen würden.

Wer erschöpft ist nach langer körperlicher Anstrengung, verfällt auch in den Stimmungen und im Denken in den typisch albern-infantilen Zustand der Erschöpfung. Wer hormonell einen Anschub erlebt, wie das in Pubertät oder Schwangerschaft der Fall ist, macht neben den ganz typischen körperlichen Veränderungen auch charakteristische seelische Veränderungen durch. Daß auch die Denkfähigkeit mitbetroffen ist, wenn z.B. den Jugendlichen bestimmte Hormone bis zur Halskrause stehen, werden Eltern und Lehrer bestätigen.

Aus den Erkenntnissen der medizinisch-psychologischen Forschung läßt sich für den Arbeitsalltag ableiten, daß man versuchen sollte, so weit wie möglich auf die eigenen Biorhythmen Rücksicht zu nehmen und für einen ausgewogenen Wechsel zwischen Anspannung und Erholung zu sorgen.

Die Arbeitszeit wird effektiver genutzt, wenn hohe Beanspruchung in eine Phase von maximal körperlich-geistiger Energie fällt, als wenn Körper und Geist gerade wieder erschlaffen.

Das nachfolgende Schema gibt einen typischen Tagesverlauf mit Anstieg und Abfall der Leistungskurve wieder. Am Vor- wie am Nachmittag findet sich bei den meisten Personen ein Leistungshoch, und wer mit wenig Schlaf auskommt, hat früh am Morgen oder spät am Abend noch einmal eine längere Schaffensperiode. Leider nehmen Kindergartenöffnungszeiten wenig Rücksicht auf individuelle Rhythmen, so daß bei vielen die beste Arbeitsphase ungenutzt vorübergeht, weil sie in den Feierabend fällt.

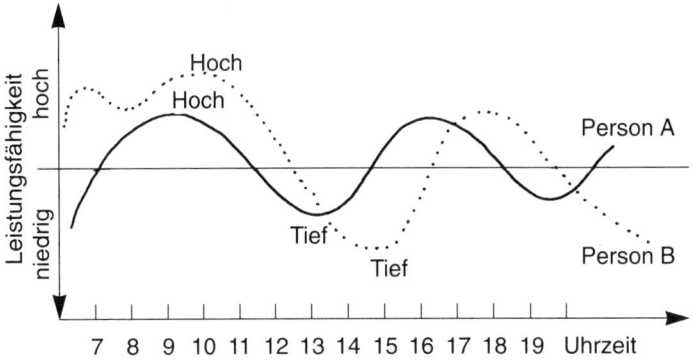

Biorhythmen und Leistungskurve

Die Leiterin einer Einrichtung tut gut daran, ihren eigenen Biorhythmus über den Tag und über die Woche hinweg einmal zu beobachten, um ihre Arbeit danach einzuteilen. Routineaufgaben können gut in leistungsschwacher Zeit erledigt werden (Postdurchsehen, Bestellungen bearbeiten, auch Vorbereitung von wiederkehrenden Aktivitäten). Dagegen wird man knifflige und schwierige Aufgaben in die stärkste Leistungsphase legen (dazu zählen Konfliktgespräche, Verhaltensbeobachtungen bei Kindern, Planungs- und Entscheidungsaufgaben).

Welche Arbeiten das im Einzelfall sind, richtet sich nicht nur nach den besonderen Erfordernissen der jeweiligen Einrichtung, sondern auch nach den persönlichen Vorlieben, Begabungen und Abneigungen der Leiterin. Was der einen schwerfällt und nur bei hoher Konzentration zu erledigen ist, wird die andere als Routine in die Abspann-Phase verlegen. Jede aber wird beobachten, daß ihr in der leistungsstarken Zeit alles schneller von der Hand geht, als in müden Viertelstunden.

Das bezieht sich übrigens auf alle Mitarbeitenden im Kindergarten: Auch die Terminplanung für Elterngespräche, Mitarbeiterbesprechung, Konferenzen mit Träger, Schule und anderen Gremien sollte allgemeine Leistungskurven berücksichtigen.

9.2 Zeitplanung

Fünf Prozent der zur Verfügung stehenden Zeit sollten für die Arbeitsplanung aufgewendet werden. Das macht bei einem einstündigen Gespräch etwa drei Minuten aus, die man der Einstimmung und Sammlung widmet. Bei einem Arbeitstag von acht Stunden sind es etwa zwanzig Minuten. Günstig ist es, die Vorbereitungszeit ans Ende des vorangehenden Tages zu legen. Abschluß der einen Schaffensperiode und Ausblick auf die kommende werden damit sinnvoll kombiniert.

Viele, die meinen, diese Zeit nicht übrig zu haben, nehmen sich, auch ohne daß sie es merken, durch lauter kleine Ablenkmanöver zwischendurch die gleiche Zeit. Man braucht nicht nur Zeit zum Entspannen, man braucht auch Leerlaufzeit zum Nachdenken und Ordnen, und wenn solche Minuten nicht bewußt reserviert werden, dann schieben sie sich von selbst dazwischen.

Vertane Zeit?

In einem Fortbildungskurs über Zeitplanung haben wir die Teilnehmenden (15 erfahrene Leiterinnen) einmal gebe-

ten, abzuschätzen, wieviel Zeit jede von ihnen an einem
Fortbildungstag für „Leerlauf" einplanen müßte. Darunter
sollten sowohl die Minuten gefaßt werden, die sie durch
Tätigkeiten wie Heraussuchen von Unterrichtsmaterialien,
Anspitzen von Bleistiften etc. verbrauchen würde, als auch
die Zeit, die durch Zuspätkommen oder Nebengespräche
während des Unterrichts der Wissensaufnahme verlorenge-
hen würde.

Die Teilnehmenden rechneten mit 10 bis 20 Minuten pro
Vormittag, das wären bei drei Arbeitsstunden etwa fünf bis
zehn Prozent gewesen.

Tatsächlich verbrauchte jede im Durchschnitt über
dreißig Minuten. Ermittelt wurde der Wert, indem alle Leer-
laufminuten addiert und durch die Anzahl der Teilnehmerinnen geteilt wurde. Dabei kamen die Hochkonzentrierten
natürlich etwas schlechter weg; die ganz Trödeligen ver-
brauchten erheblich mehr Zeit. Nicht gemessen wurden die
vielen Momente, in denen die Teilnehmerinnen zwar auf-
merksam aussahen, aber in Gedanken längst vom Thema ab-
geschweift waren. Bei routinierten Schülern kann diese
Form von „konzentriertem Dösen" weite Strecken ihrer
Schulzeit einnehmen.

Am dritten Fortbildungstag, als die Wochenleistungskur-
ve bei allen merklich absank, stieg der Zeitschwund am Vormittag auf 40 Minuten, am Nachmittag zwischen zwei und
sechs Uhr (dreieinhalb Arbeitsstunden) auf eine volle Stunde pro Teilnehmerin.

Wohin verschwindet solche Zeit?

Ein wichtiger Teil geht in die Pflege des Gruppenklimas
ein: Gespräche mit der Nachbarin, Gekicher und Zwi-
schenbemerkungen zum Unterricht, Nachfragen, Ächzen
und Stöhnen bei Schwierigkeiten nehmen einen breiten
Raum ein. Aber auch der Gang zur Toilette außerhalb der
offiziellen Pause, Herumkramen in den Papieren, Öffnen
und Schließen des Fensters, Gähnen und Strecken der müden Glieder verschlingen Zeit, von dem weit verbreiteten
Zuspätkommen einmal ganz abgesehen.

Ist das Zeit, die der Konzentration verlorengeht? Nicht
unbedingt.

Es ist Zeit, die zum Entspannen nötig ist, die die

Leistungskurve auf ihrem Abstieg begleitet. Nur konzentriert arbeiten, nur gesammelt und durchorganisiert sein kann der Mensch nicht. Wie man nicht dauernd Ordnung halten kann, so kann man auch nicht dauernd auf vollen Touren arbeiten. Das sollte die Leiterin ihren Mitarbeiterinnen ebenso zugestehen, wie sich selbst. Wenn das Trödeln überhand nimmt, lassen sich die Zügel wieder aufnehmen.

Wie jeder Mensch unseres Erachtens eine Chaos-Schublade im Schrank braucht, so braucht er auch vertrödelte Zeit am Tag. Das Hauptproblem gestreßter Menschen ist doch, nicht mehr dösen, nicht mehr bummeln, nicht mehr genießen zu können. Sie rotieren auf höchster Spannungsstufe und können nicht mehr herunterdrehen, auch wenn sie es gern wollten, bis es den berüchtigten Schlag tut und der Organismus zusammenbricht.

Verplante und unverplante Zeit

In der Literatur wird empfohlen, nur 60% der täglich zur Verfügung stehenden Arbeitszeit fest zu verplanen. 40% sollten für die vielen unerwarteten Spontanaufgaben zur Verfügung stehen. Wessen Arbeit sich jedoch hauptsächlich aus dem Umgang mit anderen Menschen ergibt, braucht unseres Erachtens mehr freie, spontan zu vergebende Zeit, um nicht kurzatmig und unwirsch zu werden. Wir empfehlen das umgekehrte Verhältnis, nämlich 40% verplante, 60% frei verfügbare Arbeitszeit im Kindergarten. Gerade Kindern und Kolleginnen gegenüber sollten Erziehende nicht mit zugewendeter Zeit knausern müssen.

Es ist der unschätzbare Vorteil der Kindergartenarbeit gegenüber Schulunterricht, daß hier kein bestimmtes Pensum, kein vorgegebener Leistungsanstieg bewältigt werden muß. Doch wird dem Zeitverbrauch von Kind und Erzieherin genügend Rechnung getragen? Wie bereits im Kapitel 5.1 dargelegt, haben wir Autorinnen den Eindruck, daß in vielen Kindergärten viel zu viel und oft bis ins kleinste Detail vorgeplant wird, was zu tun und wie es zu tun ist.

Oft haben die Erzieherinnen den Eindruck, die Eltern-schaft erwarte das von ihnen. Unsere eigenen Erfahrungen aus dem Umgang mit Eltern sprechen dagegen. Wohl möchten Eltern wissen, was die Kinder im Kindergarten den ganzen Tag lang machen. Wohl argwöhnen einige, mehr als etwas Kaffeetrinken und Naseputzen leisten die Erzieherinnen nicht. Der dumme Spruch „Wie Sie arbeiten, möchte ich meinen Urlaub verbringen!" verdient aber nicht mehr als ein müdes Lächeln.

Der Leistungsdruck geht viel eher von den selbstgemachten Plänen aus. Je mehr hineingepackt wird in eine Zeiteinheit, je ungenauer vorher abgeschätzt wird, wie lange die einzelne Arbeit dauert und wieviel Reserve-Zeit für Unvorhergesehenes eingeplant werden muß, umso leichter gerät man unter Zeitdruck.

Erzieherinnen nennen ihre vorgeplanten Projekte gern „Angebot", als sei es etwas zum Aussuchen-und-Annehmen-oder-auch-Nicht. Bei so viel Vorleistung gerät aber nicht nur die Erzieherin unter Druck, sondern auch die Kinder. Auch ihre Zeit wird ja verplant. Bleibt ihnen bei all den arbeitsaufwendigen Angeboten wirklich die freie Entscheidung, ob sie sie annehmen oder nicht? Haben die Kinder überhaupt die Möglichkeit, dankend abzulehnen und einfach nur spielen zu wollen?

In den meisten Kindergärten brauchen die Kinder ohne Zweifel mehr Erzieherinnenzeit. In den meisten Kindergärten klagen die Erzieherinnen, sie brauchen mehr Vorbereitungszeit. Ist das das gleiche?

Hier und jetzt – oder später

Auch wenn der Tag gut durchgeplant ist, wird immer etwas dazwischenkommen. Schwierig finden viele Leiterinnen nach eigener Einschätzung, sich abzugrenzen und verplante Zeit zu verteidigen. Vertreter kommen mitten am Vormittag (da haben sie ihr Leistungskurvenhoch, ganz klar); Eltern haben Fragen in der Erschöpfungsphase gegen Mittag; Kinder streiten und verletzen sich, Mitarbeiterinnen wissen nicht weiter – alles zu Zeiten, die mit deren Spannungs- und

Entspannungsphasen zusammenhängen. Nur stimmen die nicht mit den Tagesplänen der Leiterin überein.

Wie kann sie ihre Konzentration verteidigen?

Spannungsbögen sind gefragt – bei allen im Kindergarten. Spannungen aushalten lernen, einen Moment warten lernen, sich wenige Augenblicke lang zurücknehmen und zum passenden Zeitpunkt auf ein Anliegen zurückkommen: Damit tun sich nicht nur Kinder schwer.

Wir haben in Kap. 1 und 3.3 dargestellt, wie jeder Mensch zunächst ganz egozentrisch nur an die eigenen Bedürfnisse, Wünsche und Nöte denkt, und wie mühsam er erst im Laufe der Sozialisation lernen muß, seine Interessen mit denen seiner Mitmenschen zu koordinieren. Niemand nimmt sich gern und ohne erkennbaren Grund zurück und bescheidet sich zugunsten anderer. Das fällt allen Menschen schwer. Genau das ist aber gefordert, will man auf Dauer mit anderen Menschen auskommen.

Unbefriedigte Bedürfnisse rufen einen unangenehmen Spannungszustand hervor (das ist Streß im eigentlichen Sinne), der von leichter Gereiztheit bis hin zu heftigem Ärger das ganze Gefühlsspektrum der Unzufriedenheit umfaßt. Derlei Spannung auszuhalten, Streßgefühle angemessen zu verarbeiten sind Ziele einer ganzheitlichen Erziehung, die körperliche, geistig-seelische und soziale Belastbarkeit anstrebt (vgl. Kap. 9.3). Ein anderer Aspekt des Wartenkönnens ist die Grundlage der Genußfähigkeit: nämlich mit Vorfreude kommenden Ereignissen entgegenzusehen.

Zunächst möchten wir betonen, daß es beim Aufbau von Spannungsbögen – der Fähigkeit also, Bedürfnisspannung auszuhalten, auf die Befriedigung von Wünschen warten zu können – nicht darum geht, gar keine Bedürfnisse zu haben. Nicht der aufopfernde Altruist, der nur zu sich selbst beständig „nein" und „jetzt nicht" sagt, ist in unseren Augen das Ziel der Erziehung, wohl aber derjenige, der das in ausgewogenem Maße zu sich selbst wie zu anderen sagen kann.

Man muß auch Spannungen aushalten können, die von der Unzufriedenheit anderer ausgehen. Es erfordert einen Spannungsbogen, andere hilflos zu sehen und nicht helfen zu können. Oder einem anderen beim umständlichen Lösen seiner Probleme zuzusehen, wenn man es doch selbst so viel besser wüßte!

Ein Spruch aus der Konsumwerbung preist zur Zeit genau das Gegenteil an: „Genuß sofort". Diese Lebenshaltung kommt gänzlich ohne Spannungsbogen aus. Welche wirtschaftlichen, sozialen und ökologischen Folgen derart egozentrisches und infantiles Verhalten hat, ist weltweit abzusehen. Konsequent ist allerdings: Wer keinen Spannungsbogen entwickelt hat, hält noch nicht einmal aus, hinzusehen.

Die Leiterin einer pädagogischen Einrichtung muß sowohl selbst Spannungen aushalten können, als auch auf Spannungsbögen in ihrem Umfeld bauen. Sie muß nicht für jeden immer da sein (und aushalten, daß sie oft auch gar nicht erwünscht ist). Andere sind in der Lage, ihre Probleme selbst zu lösen (sie wollen auch nicht, daß sich immer jemand einmischt). Wenn die Leiterin im Moment keine Zeit für die Anliegen anderer hat, dann sagt sie das. Wenn die Mitarbeitenden im Moment keine Zeit für die Leiterin haben, dann sagen sie das. Abgewiesenwerden ist für jeden herb, aber jeder kann damit fertig werden.

Es ist aufschlußreich, wen man im Einzelfall abweist und wen nicht. Meist gelingt es dem Schwächeren gegenüber, sich durchzusetzen, nicht aber dem (vermeintlich) Stärkeren, dem Vorgesetzten, dem, vor dem man sich unsicher fühlt. Die nachfolgenden Beispiele geben mögliche Reaktionen wieder:

Beispiel a)

Pastor: (sieht durch den Türspalt) Kann ich Sie mal einen Moment stören?

Leiterin: Herr Pastor! Guten Morgen! Es paßt mir eigentlich jetzt ganz schlecht –

Pastor: Ich mach' es auch kurz (kommt ins Büro). Wir haben hier das Problem ...

Leiterin: (klappt ihr Buch zu, seufzt, steht auf) Bitte, nehmen Sie doch Platz. Aber wirklich nur ganz kurz ...

Beispiel b)

Pastor: (sieht durch den Türspalt) Kann ich Sie mal einen Moment stören?

Leiterin: Herr Pastor! Guten Morgen! So früh schon unterwegs?

Pastor: Ja, wir haben hier nämlich ein Problem (kommt ins Büro) ...

Leiterin: Hätten Sie in einer halben Stunde Zeit? Da habe ich meine Arbeit hier fertig.

Pastor: Es geht ganz schnell, wir müssen nämlich unbedingt ...

Leiterin: (steht auf, gibt dem Pastor die Hand, geht mit ihm in Richtung Tür) Ich kann mich im Moment schlecht drauf konzentrieren, ich habe eine dringende Sache zu erledigen. Kann ich Sie gegen zehn Uhr erreichen? Sind Sie dann noch hier drüben, oder im Pfarrbüro?

Pastor: Nein, dann bin ich schon wieder unterwegs.

Leiterin: Schade. (sieht auf ihren Terminkalender) Nein, heute ist sonst nirgends mehr Luft – morgen, morgen früh kurz nach neun?

Pastor: Es ist ja nichts Bedeutendes, es geht nur um ...

Leiterin: Es tut mir richtig leid, Sie so abzuwimmeln, aber wie gesagt: mir brennt diese Sache hier unter den Nägeln. Wenn Ihnen das morgen früh gegen neun paßt – sehr schön, ich halte den Termin fest (schließt die Tür hinter dem Pastor).

Freundlichkeit und Selbstsicherheit schließen sich keinesfalls aus. Nein sagen und dennoch für andere da sein, schließen sich ebensowenig aus.

„In zehn Minuten komme ich zu dir" – „Heute Nachmittag geht es gut, sagen wir um drei?" – „Ich habe gleich etwas Zeit, ein paar Minuten nur noch!" – „Ja gern, wenn Sie in einer Stunde wiederkommen."

Solche Sätze kann man sich zur Gewohnheit machen. Wenn sie positiv fomuliert sind, wie diese, tritt nicht die Abweisung („jetzt paßt es nicht"), sondern die Zusage („nachher paßt es gut") in den Vordergrund. Das schont das Selbstwertgefühl des Abgewiesenen.

Man darf nur nicht vergessen, die Angebote dann auch einzuhalten.

9.3 Umgang mit Streß

Begriffsbestimmung

Streß bezeichnet einen Zustand erhöhter Erregung im Organismus, der durch besondere Belastung hervorgerufen ist. Daß der Mensch ein gewisses Maß an Streß braucht, um aktiv und lebensfähig zu bleiben, haben wir bereits ausgeführt (Kap. 4.3). Zu viele, zu lange und zu heftige Belastungen hält der Organismus jedoch nicht aus. Wenn keine Erholungsmöglichkeiten bestehen, wenn der Aktivierung keine Ruhe mehr folgt, wird aus der Belastung *Überlastung (strain)*. Dann treten Störungen auf, zunächst in Form von Funktionsstörungen, später als nachweisbare Schäden. Immer ist der Mensch als Gesamtorganismus betroffen: Auch wenn man „nur" körperlich überanstrengt ist, reagieren Geist und Seele mit Erschöpfungsanzeichen. Auch wenn man „nur" seelische Probleme hat, die einen über Gebühr belasten, sind Körper und Geist mitbetroffen, und nach einer sechsstündigen schriftlichen Arbeit hängt die geistig Überanstrengte auch körperlich und seelisch „in den Seilen".

Zunächst ging man in der Streßforschung davon aus, daß man die Ursachen der Überlastung herausfinden und beseitigen müßte, um Streß wirkungsvoll abzubauen. Doch seit der amerikanische Psychologe *Lazarus* (1966) den Blick auf die *Bewältigungsstrategien (coping)* gelenkt hat, beobachtet man, daß Menschen sehr unterschiedlich mit der gleichen Art oder Menge von Belastung fertigwerden. Jeder scheint je nach Vorerfahrung, je nach psychischer und körperlicher Verfassung zu unterschiedlichen Zeitpunkten anders auf den gleichen Streß zu reagieren. Nicht die objektive Belastung selbst spielt die entscheidende Rolle, sondern die Art und Weise, wie das Ereignis von einer betroffenen Person bewertet wird.

Dem wird fast jede Leserin aus eigener Erfahrung zustimmen können. Auch die Streßverarbeitungsfähigkeit von Kindergartenkindern ist morgens anders als gegen Mittag, montags anders als freitags, und wenn es mehrere Tage hintereinander regnet, steigt der Streßpegel selbst bei den Fried-fertigsten merklich an.

In vielen Fällen hat die gestreßte Person gar keinen Einfluß auf die äußeren Umstände und würde gegen Windmühlenflügel ankämpfen, wollte sie Streßquellen ausschalten.

Was man beeinflussen kann, sind die eigenen körperlichen, gedanklichen und gefühlsmäßigen Reaktionen auf Streß und die Konsequenzen, die man daraus zieht.

Streßverarbeitungsstrategien

Auch wenn Streß durch ganz verschiedene Ursachen ausgelöst wird, sind die körperlichen Reaktionen bei Belastung recht einheitlich. Ob wir uns ärgern über eine rote Ampel, ein dummes Telefongespräch, zerrissene Strümpfe, oder ob wir uns grämen über einen Streit, etwas Verlorengegangenes, ob es zu laut oder langweilig ist: die Stimmung wird zunehmend gereizt, die Gedanken kreisen immer enger um das störende Thema, und im Körper werden über Streßhormone komplexe Regelkreise in Gang gesetzt, die eine Aktivierung des Gesamtorganismus bewirken mit dem Ziel, die besondere Belastung möglichst rasch zu überwinden. Das ist prinzipiell sowohl durch Flucht, als auch durch Kampf (Arbeit) möglich. Streß versetzt also den Menschen in Höchstleistungsbereitschaft, und zwar den ganzen Menschen, nicht nur Teilbereiche.

Folglich kann auch in jedem Bereich des Organismus Streßbewältigung stattfinden: in Gedanken (Lösungen suchen, Probehandeln), in Gefühlen (klären und ausleben) wie in Handlungen (Bewegung). Veränderungen in einem Teilbereich ziehen Veränderungen in allen anderen Teilen des Organismus nach sich. Es ist also nicht so wichtig, ob man Streß eher durch kognitive Strategien (Gedanken), durch Gefühle oder durch Handeln abbaut, die Bewältigung kommt immer dem ganzen Menschen zugute.

a) Ausagieren

Die bei Streß erhöhte Muskelspannung befähigt den Menschen, bei Belastung zuzubeißen, zu brüllen, er könnte rennen, schleppen, packen, keuchen etc. In Gedanken und Gefühlen spielt sich parallel dazu Passendes ab: Der Gestreßte ist bedrückt, aufgebracht, er droht, sinnt auf Rache, er jammert, weint vor Zorn, rauft sich die Haare in Verzweiflung. Der aufgewühlte, gestreßte Mensch rast.

Jedenfalls wäre das das Normalste.

Tut das eine zivilisierte Leiterin, wenn sie belastet ist? Wenn sie sich am Telefon über einen ungerechten Vorwurf ärgert, wenn ihr im Straßenverkehr die Vorfahrt genommen wird, wenn sie im Gespräch mit dem Schulleiter nicht zu Wort kommt, wenn beim Stuhlkreis gejohlt, geschubst, gehauen wird, wenn beim Elternabend die Referentin nicht kommt … Dort wird sie gestreßt, dort ist ihr nach Aufspringen, Herumschreien, Hohnlachen zumute, nach Zupacken oder Wegrennen.

Sie wird wenig von alledem tun. In der Regel wird sie sich zusammenreißen, vielleicht nervös die Hände ringen und etwas verkniffen aussehen, aber weitgehend verbergen, was in ihr vorgeht. Nägelbeißen, Lippennagen, auch Zähneknirschen sind Überreste des natürlichen Impulses, bei Aufregung über die Muskeln Spannung abzuführen. Sie treten bei den Personen besonders intensiv auf, die sich lebhafteres Ausagieren nicht gestatten.

Erregung, die nicht abgearbeitet wird, bleibt im Körper. Da wüten die ausgelösten Hormone und Substanzen mit allen Gedanken und Gefühlen sozusagen im Leerlauf. Leider nicht ohne Wirkung. Ein ständig angekurbelter Stoffwechsel belastet die Organe, verspannte Muskeln schmerzen, ein jagender Herzschlag macht Angst – jedes Organ kann in Mitleidenschaft gezogen werden von unverarbeiteter Dauererregung, ebenso Seele und Geist.

Abhilfe ist eigentlich simpel, das Normale täte gut: körperlich, geistig, seelisch abarbeiten, was sich aufgestaut hat. Wenn einem nach Weinen und Klagen ist – weinen und klagen. Wenn einem nach Lachen und Hüpfen ist – lachen und hüpfen. Jede spürt selbst, was ihr gut täte, wenn sie sich nur trauen würde, in sich hineinzuhorchen.

Natürlich braucht Ausagieren ein gesellschaftlich angemessenes Maß. Manchmal braucht es einen separaten Raum, braucht gedämpfte Töne, oft auch einen Spannungsbogen, um die Erregung auszuhalten, bis das Herumwüten möglich ist. Wer den direkten Weg nicht nehmen mag, hat sich vielleicht angewöhnt, wie wild zu putzen, aufzuräumen, umzugraben; auch Fahrradfahren, Mit-dem-Hund-um-den-Block-Rennen hilft. Je mehr außer Puste, umso wirkungsvoller ist die körperliche Streßabfuhr. Wer regelmäßig Sport treibt, weiß, wie sich auch die Gedanken und Gefühle dabei klären.

b) Entspannung

Einen ganz anderen Zugang zum Abbau von Erregung bietet die bewußte Entspannung, das konzentrierte gedankliche Abschalten und körperliche Ruhigstellen. Es ist eine mentale Streßverarbeitung, wie sie in vielen Religionen und Kulthandlungen vorkommt. Hierzu gehören bewußter Rückzug aus dem Tagesgeschehen, Selbstbesinnung, Gebet und Gesang, Yoga, Meditation, Autogenes Training, Trance. Die Wirkung setzt bei den Gedanken und den körperlichen Reaktionen gleichermaßen an. Sich von den Alltagssorgen abgrenzen, auf eine Mitte, einen übergeordneten Sinn konzentrieren, über sich selbst hinausdenken läßt ruhig werden und gelassen; wie klein und unscheinbar können eigene Sorgen werden, wenn man sie mißt an der Unendlichkeit des Universums! Und wie unbedeutend ist es da, ob wir uns heute in der und der Frage so oder so entscheiden – was bleibt davon in hundert Jahren übrig? Gelassenheit bedeutet hier wörtlich loslassen, sich selbst gehenlassen, sein lassen, den krampfhaften Kontrollgriff lösen, ent-spannen.

c) Gedankliche Bewältigung

Wenn die Gedanken angestrengt um Belastendes kreisen, sind sie auch auf der Suche nach konkreten Lösungen für die anstehenden Probleme. Wir fühlen uns unter Druck, weil wir ja meinen, Wichtiges bewältigen zu müssen. Nicht jedem gelingt es da, abzuschalten und gar nichts am konkreten Problem zu tun. Handeln stärkt das Selbstbewußtsein, gibt das Gefühl von Kompetenz und Eigenständigkeit, und das läßt jeden Streß besser ertragen. „Ich bin Herr meiner Belastungen, kann mein Leben bestimmen und mich aus Ungemach befreien" – ein positives, ermutigendes, euphorisierendes Gefühl des eigenen Wertes! Tatsächlich sind die *Kontrollüberzeugungen* für das Selbstbewußtsein und die Streßbewältigung von besonderer Bedeutung, wie Untersuchungen zur Überwindung von Krankheit und Lebenskrisen zeigen. Was aber, wenn man gar nicht wirklich Einfluß auf seine streßhaften Lebensumstände hat? Wenn Konflikte von anderen Menschen ausgelöst werden, berufliche Bedingungen, finanzielle und ökologische Umstände widrig bleiben und nicht zu beeinflussen sind?

Lazarus weist nach, daß nicht die tatsächliche Bewältigung einer Schwierigkeit uns das Gefühl der eigenen Stärke gibt, sondern die persönliche Bewertung des Problems: Halte ich es für ein geringes Problem oder für ein übermächtiges, glaube ich daran, prinzipiell (wenn auch nicht gerade in diesem Einzelfall) damit fertigzuwerden? Dann reduziert sich das Streßerleben, auch wenn die äußeren Bedingungen unverändert bleiben. Das Positive Denken bestätigt diese Beobachtung.

Es kommt auf die interne gedankliche Bewältigung an, auf die Bewertung einer Situation, ob sie uns bedrückt oder nicht. „Macht mir doch nichts!" rufen Kinder ihrem Widersacher hinterher. „Ph! Ist mir doch egal!" – „Mach doch, mach doch! Ätschebätsch!"

Eine Streßbewältigung der Ohnmacht? Streßbewältigung des Fuchses, dem die Trauben zu hoch hängen?

Nicht das zähneknirschende Nachgeben ist damit gemeint, sondern das Relativieren eines Problems. „Herabspielen durch Vergleich mit anderen" kann eine solche Tätigkeit sein, „Selbstbestätigung auf anderem Gebiet", Ausmalen von noch viel größeren Belastungen und Schrecken, gegen die die augenblicklichen Stressoren winzig wirken. Die meisten von uns haben das als Schulkind angewandt, in einem Alter, in dem pausenlos etwas schiefgeht, in dem Rüffel und Rügen, Versagen und Verpatzen den Tagesablauf bestimmen. Dennoch verliert ein Kind seine gute Laune nicht so schnell, fängt sich wieder, kommt über Belastungen hinweg. Der Erwachsene kann sich die Techniken der Kindheit zur Überwindung von Ohnmacht wieder bewußt machen und damit Streß abwehren.

d) Soziale Unterstützung

Zwischenmenschliche Wärme und Unterstützung, *social support*, der Zuspruch von Menschen, die einen lieben und auffangen, ist eine der wirkungsvollsten Arten, den täglichen Belastungen zu begegnen. Mit jemandem über das sprechen können, was einen bedrückt, Sorgen und Nöte teilen, aber auch Freude und Aufregung, Hektik und Muße, Stürme und Ruhe gleichermaßen, löst offenbar so vielfältige Entlastung aus, daß Menschen, die sich so geborgen fühlen, seltener krank werden und widerstandsfähiger bleiben gegen vielerlei Streß (vgl. Kap. 2.6 und 4.3).

Möglicherweise ist die soziale Unterstützung deshalb so wirkungsvoll, weil sie in Zeiten psychischer Not die Grundbedürfnisse des Menschen nach Zuwendung und Selbstbestimmung gleichermaßen befriedigt; es finden sich darin Elemente aller bisher besprochenen Streßbewältigungs-Strategien: Kognitive Bewältigung durch Nachdenken und Erörtern, Herabspielen der eigenen Belastung durch Vergleich mit anderen; das Bewußtmachen und Ausleben der vielfältigsten Gefühle, und schließlich körperliches Ausagieren durch Reden, Weinen, Haareraufen in Gegenwart verständnisvoller Rudelgenossen.

Keine Zeit für Streßbewältigung?

Es ist ein Phänomen, daß man umso weniger Streßbewältigung betreibt, je belasteter man sich fühlt. Solange es uns gut geht, nehmen wir uns vor, jetzt regelmäßig etwas für die Gesundheit zu tun, und tun es auch. Sobald wir gestreßt sind, haben wir dazu keine Zeit mehr. Die Erholungsmöglichkeiten streicht die gestreßte Person als erstes, um Zeit zu sparen. Sie glaubt, Arbeitszeit sei ihr verlorengegangen; aber es ist die Erholungszeit, die abhanden gekommen ist.

Am wirkungsvollsten ist es, kleine Erholungspausen einzulegen, bevor man ganz und gar erschöpft ist. Streß baut sich in der Regel langsam auf, und man könnte ein Aufhäu-

fen durch regelmäßiges Abtragen kleiner Teilchen verhindern. Alle zwei Stunden etwas Bewegung, alle zwei Stunden
etwas frische Luft, ein Häppchen zu essen, ein Schlückchen
zu trinken, die Gedanken auf etwas Erfreuliches richten, etwas tagträumen und dösen, etwas mit Freunden plaudern –
so bliebe man lange gesund.

Wir sind sicher, daß alle Leserinnen Gleiches schon oft
gedacht, viele es sich schon oft vorgenommen haben. Und?
Keine Zeit?

Wir könnten es doch eigentlich gleich tun, jetzt sofort.

10 Zusammenfassung und Ausblick

Wir haben in diesem Buch einen weiten Bogen geschlagen von den allgemeinmenschlichen Voraussetzungen des Zusammenlebens in Gruppen bis hin zur Bewältigung der Schwierigkeiten, die aus dem Zusammenleben und Zusammenarbeiten mit anderen im Kindergarten entstehen.

In vielen zwischenmenschlichen Situationen, vor allem in konflikthaften und belastenden, haben die Beteiligten den Eindruck, daß nur sie getroffen, nur sie herausgefordert, nur sie verantwortlich sind für das, was abläuft – zumal wenn es schiefläuft. Sie sehen nur auf sich selbst und auf ihr augenblickliches Problem, das immer größer und erdrückender wirkt, je mehr sie sich darin verstrickt fühlen.

Wenn Menschen im Gespräch mit anderen erkennen, daß andere in vergleichbaren Situationen dieselben Schwierigkeiten, ähnliche Bedrückungen und gleiche Ratlosigkeit empfinden, fühlen sie sich erleichtert und entlastet. Dann schrumpfen auch die objektiven Belastungen zusammen, wachsen die positiven Fähigkeiten, tauchen Lösungsmöglichkeiten auf, die bisher kaum wahrgenommen wurden.

Schließlich sieht derjenige, der über seinen individuellen Fall hinausschaut, am Beispiel anderer, welche Möglichkeiten, welche Grenzen in verschiedenen Lösungen liegen und kann durch Beobachten und Nachahmen, aber auch durch Vermeiden und Vorbeugen Schwierigkeiten meistern lernen.

Diese Erfahrung, die wir in der Beratung und Fortbildung immer wieder machen, haben wir auf das vorliegende Buch zu übertragen versucht. Die Leserinnen mögen sich durch die Lektüre ermutigt fühlen, ihre Stärken und Schwächen, ihre Erfolge und Mißerfolge bewußter wahrzunehmen. Sie mögen anhand der Beispiele erkennen, wo sie souverän und geschickt handeln, und sich ihrer Kompetenz offen freuen.

Dort, wo sie eigene Unzulänglichkeiten erkennen, möge sie das Wissen entlasten, daß ihre Probleme vielen Kolleginnen in vergleichbarer Situation vertraut sind, daß sie weit mehr von allgemeinmenschlichen Abläufen beeinflußt werden, als von individuellen und persönlich zu verantwortenden Umständen. Das möge den Leserinnen die nötige Distanz geben, auf die Krisen und Konflikte in ihrer Arbeit von höherer Warte, mit eher wissenschaftlichem Interesse und wohlwollender Neugier zu blicken: Sieh mal an, wie schwierig und vielschichtig doch das Zusammenleben sein kann!

Aus dieser Gelassenheit möge schließlich der Impuls entstehen, die wirklich belastenden Konflikte guten Mutes anzugehen, die eine oder andere Anregung aus dem Buch aufzunehmen und anzuwenden, die für weniger dringlich erachteten Probleme aber entschieden von sich zu weisen.

In einem unserer Fortbildungsseminare waren die Teilnehmerinnen auf die Idee gekommen, einen Ordner für „die Kollegin Zeit" anzulegen. Dahinein sollten alle Vorgänge, Forderungen und Anliegen aus dem Kindergartenalltag kommen, die keine sofortige Reaktion erfordern oder als besonders zäh und lästig angesehen werden.

„Das erledigt die Kollegin Zeit!" wurde zur Losung des Seminars, bei dem diese Mitarbeiterin, kaum erfunden, gleich mit ihrer entlastenden Arbeit anfing.

Wir haben das Buch begonnen mit dem Wunsch, psychologisches Basiswissen zu vermitteln, Konflikte im Zusammenleben in Gruppen bewußt zu machen und Lösungsmöglichkeiten aufzuzeigen. Wir beenden es mit der Hoffnung, daß unsere Leserinnen an Gelassenheit gewonnen haben gegenüber den tausend kleinen Störeinheiten des Alltags, die es nicht wert sind, die Kompetenz, Kraft und Kreativität einer Frau an der Spitze einer pädagogischen Einrichtung zu beanspruchen.

Wir wünschen den Führungskräften im Kindergarten, daß sie in ihrem Umfeld Menschen finden mögen, die sich von ihnen leiten lassen und ihnen mit Kritik und Unterstützung den Rücken stärken. Wir wünschen jeder von ihnen, daß sie selbst diejenige sein kann, von der für die Rudelgenossinnen Wärme und Zuversicht und ein eigenwilliges Selbstvertrauen ausgehen.

Literatur

Bavelas, A. und Barrett, D.: An experimental approach to organizational communication. Personnel, 27, 1951.

Bebel, A.: Die Frau und der Sozialismus. Berlin 1980. (erstmals 1879).

Bröder, M.: Gesprächsführung im Kindergarten. Anleitung, Modelle, Übungen. Reihe: Praxisbuch Kindergarten. Freiburg 1993.

Corell, W.: Lernen und Lehren im Vorschulalter. Donauwörth 1970.

de Mause, L. (Hrsg.): Hört ihr die Kinder weinen? Eine psychogenetische Geschichte der Kindheit. Frankfurt 1977.

Deutscher Bildungsrat: Strukturplan für das Bildungswesen. Stuttgart 1970.

Dowling, C.: Der Cindarella-Komplex. Die heimliche Angst der Frauen vor der Unabhängigkeit. Frankfurt 1984.

Erikson, E.: Kindheit und Gesellschaft. Stuttgart 1991 (10. Aufl., erstmals 1950).

Hofstätter, P.R.: Gruppendynamik. Reinbek 1957.

Hofstätter, P.R.: Sozialpsychologie. Berlin 1964.

Krenz, A.: Der Situationsorientierte Ansatz im Kindergarten. Freiburg 1991.

Lazarus, R.S.: Psychological stress and the coping process. New York 1966.

Lewin, K.: Psychologie der Entwicklung und Erziehung. Bd. 6, Werkausgabe (Hrsg. C.F. Graumann), Stuttgart 1982.

Lösel, F., Bliesener, T. und Köferl, P.: Psychische Gesundheit trotz Risikobelastung in der Kindheit. Untersuchungen zur „Invulnerabilität". In: Jahrbuch der Medizinischen Psychologie, Bd. 4, 1990, 103–126.

Management Wissen, München 1990 (Heft 1 und 3).

Neill, A.S.: Theorie und Praxis der antiautoritären Erziehung. Reinbek 1962.

Nickel, H. und Schmidt-Denter, U.: Vom Kleinkind zum Schulkind. München 1991.

Nohl, H.: Die pädagogische Bewegung in Deutschland und ihre Theorie. Frankfurt 1988 (10. Aufl., erstmals 1935).

Piaget, J.: Meine Theorie der geistigen Entwicklung. Frankfurt 1983.

Rogers, C.: Lernen in Freiheit. München 1974.

Rogers, C.: Entwicklung der Persönlichkeit. Stuttgart 1979.

Sagan, L.A.: Interview mit dem Epidemiologen aus Palo Alto, Psychologie Heute, 8/88.

Schmölders, G.: Das Bild vom Menschen in der Wirtschaftstheorie. In: H. Gadamer und P. Vogler: Neue Anthropologie, Bd. 3, 134–167. Stuttgart 1975.

Schneewind, K. und v. Rosenstiel, L.: Wandel der Familie. Göttingen 1992.

Schwäbisch, L. und Siems, M.: Anleitung zum sozialen Lernen für Paare, Gruppen und Erzieher. Reinbek 1974.

Seiwert, L.J.: Mehr Zeit für das Wesentliche. Landsberg a. Lech 1987.

Selye, H.: Streßbewältigung und Lebensgewinn. München 1974.

Stone, L.J. und Church, J.: Kindheit und Jugend. Einführung in die Entwicklungspsychologie. Stuttgart 1978.

Tausch, R. und Tausch, A.: Gesprächspsychotherapie. Göttingen 1968.

Wieland, A.J.: Einleitende Gedanken aus der Sicht der wissenschaftlichen Begleitung. In: J. Büchsenschütz und G. Regel (Hrsg.): Mutmachen zur gemeinsamen Erziehung. Zeitgemäße Pädagogik im offenen Kindergarten. Hamburg 1991, 9–11.

Wolf, D. und Merkle, R.: Gefühle verstehen, Probleme bewältigen. Mannheim 1985.

Die Gegenwart im Griff

praxisbuch kindergarten

Monika Bröder

Gesprächsführung im Kindergarten

Anleitung, Modelle, Übungen

Herder

157 Seiten, kart.,
ISBN 3-451-22959-5

praxisbuch kindergarten

Hedi Friedrich

Auf Kinder hören – mit Kindern reden

Gespräche und Spiele im Kindergarten

Herder

4. Aufl., 144 S., kart.,
ISBN 3-451-19329-9

praxisbuch kindergarten

Helga Fischer

Teamarbeit im Kindergarten

Dienstbesprechungen und Planung – erfolgreiche Beispiele für die Praxis

Herder

5. Aufl., 144 S., kart.,
ISBN 3-451-19328-0

In Ihrer Buchhandlung !

Norbert Huppertz **Die Leitung des Kindergartens**

Praktische Hilfen für eine verantwortungsvolle Aufgabe

Herder

Eine präzise Analyse der vielfältigen Aufgaben einer Leiterin.

5. Aufl., 192 S., kart.,
ISBN 3-451-20116-X

herder

Die Zukunft mitgestalten

Ingeborg Becker-Textor

Kindergarten 2010

Traum – Vision – Realität

Herder

Der Kindergarten steht heute vor neuen Fragen und Anforderungen. Sie ergeben sich aus dem Wandel in Familie und Gesellschaft, im Selbstverständnis der Fachkräfte, und in den äußeren Rahmenbedingungen.

144 Seiten, kart.,
ISBN 3-451-2987-0

Armin Krenz

Der situations-orientierte Ansatz im Kindergarten

Grundlagen und Praxis

Herder

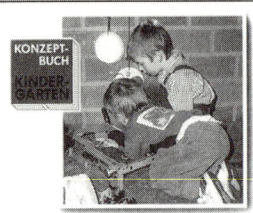

Norbert Huppertz

Erleben und Bilden im Kindergarten

Der lebensbezogene Ansatz als Modell für die Planung der Arbeit

Herder

6. Aufl., 144 S., kart.,
ISBN 3-451-22276-0

2.Aufl., 190 S., kart.,
ISBN 3-451-22544-1

In Ihrer Buchhandlung !

herder